Abdul Abbasi & Allaa Faham

# Eingedeutscht



GOLDMANN
Lesen erleben

»Lasst uns eine Brücke zwischen den Kulturen bauen!«
*Abdul und Allaa*

Abdul Abbasi & Allaa Faham
Unter Mitarbeit von Kathrin Nord und Marc Frank

# Eingedeutscht

Die schräge Geschichte unserer Integration

GOLDMANN

Originalausgabe



Dieses Buch ist auch als E-Book erhältlich.

MIX
Papier aus verantwortungsvollen Quellen
FSC® C083411

Verlagsgruppe Random House FSC® N001967

1. Auflage
Originalausgabe April 2018

Umschlaggestaltung: UNO Werbeagentur, München,
unter Verwendung des Covermotivs von @ Samuel Zuder
Lektorat: Doreen Fröhlich
DF · Herstellung: kw
Satz: Uhl + Massopust, Aalen
Druck und Einband: CPI books GmbH, Leck
Printed in the Czech Republic
978-3-442-15951-2
www.goldmann-verlag.de

Besuchen Sie den Goldmann Verlag im Netz

# Inhalt

# Vorwort

Als wir, Abdul und Allaa, nach Deutschland kamen, waren wir voller Ängste. Angst vor den Menschen, vor Tieren, dem Wetter, vor neuen Situationen und vor Speisen, die wir nicht kannten. Wir hatten Angst vor allem, was uns fremd war. Und fremd war uns: alles.

Dabei haben wir alle viel gemeinsam. Zum Beispiel Kindheitserlebnisse wie dieses: Du wachst auf in deinem dunklen Zimmer. Noch halb schlaftrunken machst du die Augen auf, und da sitzt ein Fremder. Du siehst seine Beine, den Oberkörper, den Umriss seines Kopfes – und er scheint dich dabei die ganze Zeit regungslos anzustarren. Panisch tastest du nach dem Lichtschalter, überlegst dir dabei schon, wie du an ihm vorbeiflüchten kannst. Schalter gefunden, klick, es ist hell – ein kurzer Blick auf den Fremden, bevor du losrennst. Doch halt, was ist das? Der bedrohliche Fremde, das sind deine Klamotten vom Vortag. Die Hosenbeine hängen von der Sitzfläche auf den Boden hinab, der Pullover über der Lehne, die Ärmel rechts und links davon. Der Fremde, das ist ein Teil von dir. Und die Angst, die natürlich auch.

Wollten wir hier leben, mussten wir unsere Angst verlieren. Wir schalteten das Licht an, indem wir auf Menschen und Tiere zugingen, am Alltag teilnahmen und alle Speisen probierten, erschienen sie uns noch so exotisch. Abdul lernte so, Sauerkraut zu lieben. Allaa überwand seine Scheu vor Haustieren und schaffte sich sogar ein Kätzchen an.

Wir lernten, dass Fremdes nur so lange Angst macht, solange es im Dunkeln bleibt und wir nur Schemen wahrnehmen.

Wir haben dieses Buch geschrieben, damit ihr Deutschen uns Syrer besser kennenlernt und wir Syrer euch Deutsche. Wir wünschen uns, dass es uns einander näherbringt, dass es hilft, einander besser kennenzulernen und zu sehen, wie wir sind: so anders und doch so gleich.

Wir glauben daran: Egal, woher wir kommen, von welchem Kontinent, aus welchem Kulturkreis, ob wir religiös sind oder Atheisten. Egal, was unser Hintergrund ist: Uns verbindet mehr, als wir denken. Lasst uns alle das Licht anknipsen und genauer hinschauen.

# Deutsch to go

*Abdul.* Habe mir kürzlich mal Gedanken gemacht über diverse Nationalfarben. Klar sollen die Flaggen den Charakter einer Nation symbolisieren, und ich bin sicher, die gewählten Farben kommen nicht von ungefähr. Frankreich als berühmtestes Beispiel: blau = Pastis-Etiketten, weiß = Sahne, rot = Wein. Auch Italien als Salami- und Tomatennation trägt rot im Wappen, dazu grün = Basilikum/Oregano und weiß = Mozzarella. Belgien: gelb = Pommes mit Mayo, schwarz = Kohletagebau, rot = Papa Schlumpf. Warum aber ausgerechnet diese Farben auch in Deutschland gewählt wurden, versteht kein Mensch. Vor allem das Gelb? Ja, ich weiß, es heißt komischerweise »gold«, aber was außer dem heiligen Kartoffulus sollte das verbildlichen? Ich bin ratlos. Schwarz und rot sollten auch mal einer gründlichen Renovierung unterzogen werden – falls einer meinen Vorschlag hören will: grau, gelb und weiß.

Asphalt, Schotter und der Himmel (zumindest siebzig Prozent der Zeit) sind grau. Weiß sind die Formulare, die man ständig ausfüllen und verschicken muss. Aneinandergelegt würden diese DIN-A4-Blätter eine Strecke von Garmisch-Partenkirchen bis zum Mond zurücklegen – pro Bürger und einer durchschnittlichen Lebenserwartung von 77 Jahren. In Syrien wäre die Strecke vielleicht so lang wie von der Kreuzung Bab Antakya/Omar Bin Abdel Aziz bis zum Saadallah-Al-Jabri-Platz, das schafft man in zwölf Minuten zu Fuß – oder in zehn mit dem Bus. Man telefoniert in Syrien einfach viel öfter oder schaut mit einem Bündel Scheinen direkt beim Sachbearbeiter vorbei, trinkt Tee, und die Angelegenheit ist erledigt. Viele Worte braucht es nicht.

Nun aber war ich in Deutschland – und viele Worte hatte ich nicht. Die Kommunikation mit den Behörden war eher einseitig. Die wollten was, und ich gab es ihnen: ein »Ja« oder meine Unterschrift. Wollten sie mehr, musste ich lediglich verstehen, was. Meine deutschen Mitbewohner hatten mich schon mit einer Vielzahl an Vokabeln ausgestattet: Jede Menge Schimpfwörter und Liebesbekundungen konnte ich reihenweise aussprechen. Alle anderen Wortkategorien: noch Mangelware.

Mit einem Bündel Blätter unter dem Arm trat ich aus dem Amt auf den Bürgersteig. Rund zwei Wochen war ich jetzt in Deutschland und »Krchwscvhw« schien mir das Wort, das im Alltag am häufigsten verwendet wird und »Uachuach« am zweithäufigsten. Eines Tages würde auch ich sie richtig verwenden können. Jedes deutsche Wort wollte ich sprechen können, ich hörte zu, nahm auf und beobachtete gut. In diesem Moment bemerkte ich eine weiße Linie auf dem Asphalt. Warum nicht hüpfen, hin und wieder zurück, einfach so, und wieder, hopp!, über die Linie? Dabei ging ich ganz langsam und wollte alles aufsaugen, ein paar Gesprächsfetzen aufschnappen. Typen auf dem Fahrrad schossen megaknapp an mir vorbei, und fast alle trugen einen Rucksack. Whooshhhhh – und manche redeten auch beim Fahren!

»Brrrrmn.« Mh. Was ruft man in Deutschland, wenn jemand anhalten soll? Ich wollte den Radler fragen, was er da eben gesagt hatte, aber er war schon hundert Meter weiter. Wenn mir jeder, der mir begegnete, ein deutsches Wort beibrachte, dann könnte ich bald ganz schön viel Deutsch! Whuuschhhhh! Der Nächste zischte vorbei. Jep, das Mittelfingerzeichen ist international, das kenne ich. Warum mag er mich nicht? Er drehte sich um: »Pänna!« »Pänna«, wiederholte ich. »Pänna.« Muss ich mir merken, ich weiß noch nicht, wofür.

»Arslch«, der Nächste. Ein komisches, aber wohlklingendes Wort. »Arslch«, das merkte ich mir auch mal. »Arslch«, murmelte ich leise, »Arslch.«

Wschhhhh. »Ey! Frdwg! Mann!« Drei Wörter. Ey. Frdwg. Mann. Mann! Mann? Ich habe »Mann« verstanden! »Mann«, das bin ich, Abdul Abbasi. Er hat mich gemeint, ein deutscher Fahrradfahrer hat mich direkt angesprochen! Ich hörte mich lachen. Ein deutscher Radfahrer, der mit mir spricht, und ich verstand etwas von dem, was er gesagt hat! Ich wollte das wieder versuchen, lachte den Radlern jetzt direkt ins Gesicht, und wenn ich hörte, dass einer von hinten kam, dann drehte ich mich um und lächelte ihn an. Ich hätte nicht gedacht, dass es so einfach sein kann! Deutsch lernen, hier, jetzt, im Vorbeifahren, ich hatte gerade eine Deutsch-to-go-Methode erfunden. Pänna.

Der Nächste kam, ich lächelte ihn wieder an, er bremste ab, blieb stehen, schob seine Sonnenbrille auf die Stirn. »Guten Tag«, sagte ich. Er sagte was, was ich dann doch nicht verstand, die Augenbrauen fest zusammengezogen sprudelten die Wörter aus ihm heraus, er stieg wieder auf, und als er weiterfuhr, sickerten sie durch: »Vollidiot!« Er hatte »Vollidiot« gesagt, und ich habe ihn verstanden! Der nächste Radler, ähnlicher Ablauf, ich lächelte, er fuhr langsamer, sagte was und dann »Penner!« »Penner«, nicht »Pänna«, meine Güte, konnte es sein, dass ich gerade anfing, Deutsch zu verstehen? Nach und nach drangen die Schimpfwörter zu mir durch: »Arschloch«, »Pisser« und einige echt böse. Ich wollte sie alle umarmen, die Radler, in einem kompletten Rausch der Glückseligkeit. »Danke, Leute, danke!«, wollte ich rufen. »Ich verstehe euch! Ich verstehe Deutsch!« Nur »Faradweg« verstand ich immer noch nicht. Aber das würde ich heute Abend gleich meine Mitbewohner fragen. Mit einem breiten Grinsen lief ich durch die Stadt, und als der nächste Radler schwungvoll abbremste, eine halbe Pirouette auf seinem Rad hinlegte, war ich vorbereitet: »Guten Tag«, sagte ich. Der Radler bedeutete mir energisch, nach links zu gehen, schob sogar etwas mit der Hand nach – und zischte dann ab.

Später am Abend kannte ich die Bedeutung des Wortes »Fahrradweg«, und als ich mich unter meine Bettdecke verkroch und gerade eindämmerte, zogen die Radler des Tages noch einmal an mir vorbei, jedes einzelne Schimpfwort war ein kleiner Triumph. Deutsche Sprache – bald bist du mein! Und mit der Erinnerung an den Tag und halb im Traum kam mir die Ahnung, wofür »schwarz, rot, gold« stehen könnte: Vorderlicht, Rücklicht und … Bremsspuren.

# Eine typische Kindheit und Jugend in Syrien

# Kein Fernweh, nirgendwohin

*Allaa.* Meine Schule war eingemauert, so richtig, wie ein Gefängnis, ganz typisch für eine syrische Schule. Das ganze Schulgebäude inklusive Bolz- und Basketballplatz war von einer Mauer umgeben. Wer zu spät zum Unterricht kam, sollte nicht unbemerkt hereinkommen können, sondern musste sich beim Hausmeister oder Pförtner anmelden. Und wenn einer den Unterricht schwänzen und früher abhauen wollte, nun, der sollte nicht unbemerkt hinauskommen. Aber es war total easy, über die Mauer zu klettern. Nur wenn dich der Aufpasser erwischte, gab's eins auf die Finger! Der Typ musste zur Abschreckung solche mittelalterlichen Methoden anwenden, aber wer ihn mal heimlich nach Schulschluss beobachtet hatte, der wusste, dass er die cooleren Moves draufhat als unsereins! Finger spin, fruit loop, flamingo, den ganzen Shit.

Kaum hatte ich die Mauern hinter mir gelassen, kannte meine Tagesplanung nur ein Ziel: so viel Zeit mit meinen besten Freunden zu verbringen, wie es nur irgendwie ging (oder wie im Fall von Abdul brav so viel zu lernen, wie es nur irgendwie ging). Ich sah meine Freunde (bzw. er die Bücher) öfter als meine Eltern.

Ein paar Jahre später verbrachte ich noch mehr Zeit mit den Freunden und ging alleine in die Restaurants, von denen mein Vater uns immer vorgeschwärmt hatte. Ich stand dort nur regelmäßig vor immer demselben Problem: Der Kellner weigerte sich, die Bestellung aufzunehmen, weil er nicht auf der Zeche sitzen bleiben wollte. Ein vierzehnjähriges Kind könne das doch nicht zahlen und überhaupt – und dann zog ich wortlos einen großen Schein raus und legte ihn demonstrativ auf den Tisch. Danach sprach mich der Kellner ab und an mit »mein Herr« an, und das fühlte sich zwar komisch an, aber auch irgendwie gut.

Seit ich bündelweise Kohle mit mir rumschleppte, war mein Leben ein Krimi geworden. Wie in vielen arabischen Familien mit gewitzten Jugendlichen fand alle paar Monate bei uns »The Italian Job« im elterlichen Wohnzimmer statt: die Mutter im Zimmer nebenan am Telefon, der Vater bei der Arbeit, die Geschwister draußen in der Sonne – wo sonst –, und du hast ohne das geringste Geräusch eine Schublade aus dem Wohnzimmerschrank gezogen, einen langen Brieföffner in der Hand und die Ohren gespitzt in Richtung Mutter. Nun kommt der verzwickte Part! Er nimmt etwa dreißig bis vierzig Sekunden in Anspruch, und dabei darf man dich auf keinen Fall erwischen: Du führst den Brieföffner in einen Spalt im Fachboden über der jetzt fehlenden Schublade. Da oben ist der Schatz, die »Beute«, das Geld deiner Eltern. Jetzt keine falschen Schlüsse ziehen! Genau genommen ist das nämlich *dein* Geld, das deine Eltern für dich verwahren wollten, aber wenn du sie um einen Teil davon bittest, nie rausrücken. Ihr fragt euch jetzt: Haben die kein Bankkonto? Ich sage: what? Wir sind hier in Syrien. Bank of Arabia? Ein Möbelhersteller! Dessen Schränke mit einbruchsicheren Schlössern versehen sind.

Aber unter uns Panzerknackern: Wen interessieren schon Schlösser?

Überhaupt ist das ganze Familiensystem in Sachen Finanzen wahrscheinlich etwas anders, als ihr es in Deutschland kennt. Sparkassen, Juniorsparkonto, Weltspartag? Zu mir sagte meine Mutter: »Allaa, hat dir dein Onkel nicht Geld geschenkt heute?[1] Gib das mal her, bevor es verloren geht, wir verwahren es für dich.« Dann verschwinden die Scheine im Wohnzimmerschrank bis zum Tag X. Unbekannt. Ihr hattet eure Juniorcard, um an euer Erspartes zu kommen, ich den Brieföffner. Mir war mulmig zumute, euch nicht. Ihr hattet das KNAX-Heft, ich meinen eigenen Heist-Movie. Ihr hattet stets ein gutes Gewissen, ich ein schlechtes.

Mein erster Coup war der schlimmste. Ich musste ja davon ausgehen, dass meine Eltern *genau* wissen, wie viel sich in ihrem Geldversteck befand. Nun stimmte der Betrag nicht mehr. Was würde passieren, wenn sie es bemerkten? Würden die Eltern streiten, der Vater die Mutter beschuldigen oder umgekehrt? Als nichts dergleichen geschah, konnte ich davon ausgehen, dass sie keine Ahnung hatten, wie viel Kohle eigentlich in dem Fach war. Und das beruhigte auch irgendwie mein Gewissen. Sagen wir so: Für einige Zeit lag zwischen dem tatsächlichen und dem vermuteten elterlichen Vermögen der exakte Betrag meiner selbst verordneten Taschengelderhöhung.

Und ein Teil dieses Betrags flatterte mir in Scheinen entgegen, ich stocherte schnell noch einmal mit dem Brieföff-

---

1 Zum »arabischen Kreislauf« der Geldgeschenke siehe Kapitel »Geldgeschenke«, S. 119.

ner nach, es flatterten ein paar mehr Scheine – das dürfte reichen, zu viel durfte ja auch nicht fehlen. Vom randvollen Fach zum halb vollen? Das wäre selbst meinen Eltern aufgefallen.

Ich schob vorsichtig die Schublade wieder hinein und verschwand in mein Zimmer, um nachzuzählen. Yes! Für ein paar Monate würde ich der King in meiner Clique sein – und auch mein eigener. Ich würde im Restaurant mit den Scheinen dem Kellner zuwedeln, so was machen Männer, wenn sie sagen wollen: »Zahlen bitte!« Aber das ist nicht der einzige Weg, erwachsen zu werden, glaubt mir. Sein eigenes Land verlassen zu müssen, weil man gar keine andere Chance hat zu überleben, ist ein anderer.

Heute, sechs Jahre später, stecke ich meiner Mutter mit einem Grinsen gelegentlich Geld zu und sage: »Kuck, ich zahle dir zurück, was ich damals gemopst habe.« Vielleicht war es die Action wert. Das Lächeln auf ihrem Gesicht sagt mir, dass sie es die ganze Zeit über gewusst hat.

*Abdul.* Bei mir war es eher »Eine verhängnisvolle Affäre« im Jugendzimmer: der Vater mit der Mutter im Wohnzimmer, sie diskutieren. Der Nachteil dabei: im Wohnzimmer stand das eine Telefon; der Vorteil: die unvereinbaren Argumente der beiden ließen darauf schließen, dass sie noch eine Weile zu tun haben würden. Doch ich musste absolut sichergehen – mit leisen Schritten stahl ich mich bis knapp vor die Wohnzimmertür und lauschte. Die alleroberpeinlichste Situation wäre, wenn mein Vater das Telefongespräch mithörte. Ich würde ihm nur schwer morgen noch ins Gesicht schauen können. Mohammed, der Name meines Bruders, fiel in der Diskussion hinter der Tür. Sehr gut! Ein anderer Sohn hätte bald Stress! Ich war außer Gefahr.

Ich tigerte durch die Wohnung auf der Suche nach dem zweiten Apparat. Endlich gefunden, leise zurück in mein Zimmer, die Tür supersoft schließen. Jetzt tippte ich die Nummer ein, Freizeichen. Mein Zeigefinger verblieb auf der roten Auflegtaste, für den Fall, dass jemand anderer aus ihrer Familie ranginge und nicht sie. In diesem Fall: sofortiger Rückzug! Es klickte, jemand hob ab, dann hörte ich ihre Stimme. So aufgeregt war ich noch nie in meinem ganzen Leben. Und dann, gleichzeitig, diese Erleichterung. Sie sprach gedämpft, hatte ja meinen Anruf erwartet, ich sprach ebenso leise – jeder zweite Satz ging dabei im Hintergrundrauschen unter. Es heißt, arabische Männer würden laut sprechen, aber glaubt mir: Am Telefon mit deiner Freundin, mit den Eltern Wand an Wand, entwickeln wir Meisterschaft im Flüstern von Liebesschwüren. Wer einen großen Bruder hat, schaut sich das schon als Kind ab. Wer eine große Schwester hat, natürlich auch. Ich konnnte das Glitzern in ihren Augen sehen, wenn Yara oder Mohammed mit dem oder der Angebeteten sprachen. Später dann bist du es, der leise durch den schnarrenden Lautsprecher *ihr* Verzücken hören darf, das nur dir und deinen Worten gilt, und dem Geheimnis, das ihr miteinander habt. Niemand darf von euch wissen. »Weißt du, deine Haut ist so schön und rein wie Milch. Nein, nicht Milch, viel schöner als Milch, es ist die Milch von dem schönsten Vogel, den ich je gesehen habe, er war so bunt und farbig und einfach wunderschön, und ich weiß, wo dieser Vogel lebt, am anderen Ende des Landes, ich werde dorthin gehen, auf meinen eigenen Füßen, und ich werde den Vogel für dich fangen, und diesen schönsten Vogel auf der ganzen Welt, des ganzen Universums und aller Universen, den werde ich für dich fangen und mit zurückbringen und in einer Voliere halten, und er wird so schön singen wie sonst kein Vogel, und aus seiner Milch mache ich dann Joghurt für dich, und ich bringe dir diesen Joghurt jeden Tag, jeden Tag bringe ich dir den Joghurt von dem schönsten Vogel aller Universen, damit du jeden Tag weißt, wie schön ...« Knack.

Knack? Da atmete jemand Drittes ins Telefon! Gänsehaut! Da. Atmete. Jemand. Ins. Telefon. »Okay, verstehe! Ein rechtwinkliges Dreieck! DankebismorgeninderSchule–tschüss!«, bellte ich in den Hörer und warf ihn weg, er war plötzlich tausend Grad heiß, auch mein Körper glühte. Ich schwitzte.

»Abdul? Hast du den zweiten Apparat?«, rief Vater scheinheilig aus dem Flur.

Wie sollte ich ihm jemals wieder ins Gesicht schauen?

»Bringst du ihn mir?«

Was würde er alles gehört haben? Wann knackte es zum ersten Mal, wann hatte er am anderen Apparat abgenommen und war ins Gespräch eingedrungen? Da sagtest du doch gerade ...

»Jetzt? Abdul!?«

Cool bleiben. Ich nahm den Hörer wieder auf, er glitt mir durch meine schwitzige Hand, nicht fallen lassen, so richtig hoch bekam ich den Kopf nicht, sah Vater nur aus den Augenwinkeln an, ganz schnell und kurz, er fixierte mich, sagte kein Wort, ich gab ihm den Hörer. Die nächsten Tage musste er dir nur genau diesen Blick schicken – und du versankst im Erdboden. Die einzige Lösung wäre: auf der Stelle ausziehen. Hier wird's jetzt kompliziert – in Syrien muss man erst heiraten, dann kann man sein Elternhaus verlassen. Aber wie soll man eine Frau davon überzeugen, dass man der perfekte Mann für sie wäre, wenn man nicht mal in Ruhe mit ihr telefonieren kann?

## Syrien? Das Syrien?

*Allaa und Abdul.* Aber Moment mal: Basketball, Wohnzimmerschränke, Telefonanlagen sogar? Sprechen wir hier wirklich von Syrien? Dem Wüstenland? Der Kultur, die mit Mann, Frau und Pferd aus dem Mittelalter direkt ins Jahr 2017 gebeamt wurde? Dem Land, in dem zwischen Beduinenzelten und kargen Lehmhäusern kaum ein Strauch, ein Baum wächst, das Land, dessen Nationalfarben grau, grau und grau sein müssten, so rein von der Optik her?

Ja, wir reden von einem Land namens Syrien – nur sieht es ein klein bisschen anders aus, als viele in Europa es sich vorstellen. Vielen denken ja, wir wären auf Kamelen per Wüstenritt nach Deutschland gekommen. Doch unsere Flucht gelang uns in Bussen und Flugzeugen. Das Syrien bzw. Aleppo und Idlib unserer Kindheit und Jugend war auch gar nicht wüstlich, es gab sogar ziemlich viel Grün: Bäume, Wiesen und Parks. Häuser gab's, Einkaufsmalls, eigentlich so ziemlich alles. Es gibt sogar blonde Menschen in Syrien, Allaa war als Kind übrigens auch blond.

Eine Mauer in Idlib war während Allaas ganzer Jugend der Startpunkt für Abenteuer und Blödsinn. Abdul hing zur selben Zeit viel in Aljamiliye rum, wo er mit seinen Kumpels in einem Laden am PC Counter-Strike spielte. Wir wussten damals noch nichts voneinander, unsere Wege sollten sich erst in Deutschland kreuzen. Die Koffer fürs Erwachsenenleben hatten wir beide schon lange gepackt, aber weit fort wollten wir nie – typisch syrische Jugendliche eben. Am liebsten wollten wir irgendwo in Syrien bleiben, studieren, eine Firma aufmachen, eine Familie gründen und so weiter. Beide können wir uns an keinen einzigen Moment erinnern, an dem wir Fernweh hatten, wir wissen bis heute nicht, wie sich das anfühlen soll. Unsere Eltern sind mit uns nie weit gereist, Abdul ist höchstens mal in den Ferien über die Grenze in die Türkei, aber nie weiter weg. Deutsche fahren ja gern mal nach Österreich zum Tanken, weil es da viel billiger ist, und hängen noch eine Woche Winterurlaub dran, so ungefähr.

Den Traum von der großen Reise nach Amerika, vom Studienaufenthalt in Kanada, Frankreich, England oder exotisch, Mexiko, von sechs Wochen Interrail einmal quer über den Kontinent – den Traum haben wir nie geträumt, nicht mal daran gedacht.

Und weil wir nie wirklich lange in einem anderen Land gelebt hatten, kannten wir auch kein Heimweh. Auch heute können wir Heimweh nicht genau definieren: Klar, manchmal sehnen wir uns zwar nach der Luft in unseren Heimatstädten, nach Schawarma und den Freunden. Aber der Krieg… er tötet und foltert nicht Fremde, sondern Verwandte und Freunde, zerbombt nicht nur Häuser, sondern den Alltag – und auch er gehört jetzt zu Syrien und unseren Erinnerungen. Wenn die Gefühle zu stark werden oder zu viel, dann verstummen sie manchmal, und das ist wahrscheinlich auch ganz gut so. Das Syrien, das wir liebten, ist dasselbe Syrien, das uns raubte, was und wen wir liebten – Syrien ist in unserer Erinnerung alles auf einmal: Liebe und Hass, Leben und Tod. Vor dem Krieg, da war es nur Liebe und Leben. Vor dem Krieg wollten wir einfach immer in Syrien bleiben. Wir waren Teenager, und uns war klar: So schön wie hier kann es nirgendwo sonst auf der Welt sein. Wir waren in unserer kleinen Welt so unbeschwert, dass uns nicht einmal auffiel, dass uns Offenheit und Meinungsfreiheit fehlten. Plötzlich begannen die Demonstrationen, und wohl kaum einer hatte mit einer so heftigen Reaktion des Regimes gerechnet.

Nie hätten wir gedacht, dass wir fortfliegen müssten und eines Tages in diesem exotischen Land landen würden. Dem Land des längsten Regens und der längsten Wörter der Welt. Sag mal: Aufenthaltsgenehmigung. Und jetzt sag mal: Immatrikulationsbescheinigung. Und jetzt sag mal: Willkommen in Deutschland!

# Vielleicht nach Deutschland – die Flucht

## Dein Name steht auf der Liste!

*Allaa.* Ich bin 15. Es ist 2012. Doch in mir drin ist es immer noch 2006, das Jahr, in dem wir alle noch in Idlib lebten. Meine Mutter, mein Vater, meine drei Brüder und ich. Als Vater sagte, er hätte einen Job in Riad, Saudi-Arabien, schlug ich im Atlas nach und stellte fest, dass Idlib und Riad gar nicht so weit voneinander entfernt waren, vielleicht fünfzehn Zentimeter. Vater ging. Wir telefonierten oft, und ich war glücklich mit dieser Situation. Ich fragte mich zwar, wieso man von hier wegging, wo doch alles so perfekt war, aber das war wohl so ein Erwachsenending. Nach und nach musste ich aber beobachten, wie auch immer mehr Freunde meiner Eltern wegzogen.

Sechs Jahre später packten auch Mutter, mein jüngerer Bruder und ich unsere Koffer, meine älteren Brüder blieben. Wir glaubten fest daran, dass wir schon bald zu ihnen zurückkehren würden. Meine Hoffnung verlor ich auch nicht, als wir in einem vollbesetzten Bus saßen, auf dem Weg zum Flughafen Aleppo.

Checkpoint um Checkpoint mussten wir anhalten, dort kontrollierten Polizisten die Pässe der Reisenden. Als wir vom fünften Checkpoint abfuhren, blieb der Sitz vor mir leer, und Mutter nahm meine Hand. Draußen zogen die Schilder vorbei: »Airport 19 km«, »Airport 14 km«, »Airport

2 km«. Wieder standen wir im Stau vor einem Checkpoint, es musste der letzte sein, endlich! Die Luft im Bus war zum Schneiden.

Zischend öffnete sich die hydraulische Tür. Ich wusste natürlich, dass man zu Polizei und Militärpolizei am besten jeglichen Kontakt vermeidet. Nicht anschauen, nicht sprechen. Wenn du jemanden von der Polizei siehst: umdrehen, in die andere Richtung gehen! Zu dieser Zeit bedeutete Polizei in Syrien Willkür. Sie konnten dich rausziehen – der Grund war egal, denn wenn sie keinen hatten, dann fanden sie einen –, und dann half kein Betteln. Im Gegenteil. Maul halten war das Einzige, was du machen konntest. Sprachen sie dich an, dann: Kopf senken und mit Blick auf den Boden antworten. Damit gibst du selbst der schwächsten Person noch ein Macht- und Autoritätsgefühl – und genau das brauchten sie. Hatten sie dich erst mal rausgezogen, warst du von der Bildfläche verschwunden, als hätte es dich nie gegeben. Sie folterten dich, und es war fraglich, ob du deine Familie je wiedersehen würdest.

Also hielt ich auch an diesem Checkpoint einem Militärpolizisten meinen Pass hin und starrte nach unten. Er musterte mich, das spürte ich. Warum dauerte das diesmal so lang? »Mitkommen, du fährst nicht weiter«, sagte er und stieß mich mit dem Lauf seiner MG an. Ich versuchte aufzustehen, aber meine Knie gehorchten nicht. »He, Faham, mitkommen!«, bellte er noch einmal, und neben mir fing meine Mutter an zu schluchzen.

Klar war ich mit 14, 15 auf ein paar Demos gewesen, schauen, was da so los ist, außerdem wurde unser Familienname mit der Opposition in Verbindung gebracht, war bei den jetzigen Machthabern nicht gerade beliebt. Aber war das Grund genug, mich nun zu …? Das konnte nicht sein, das *durfte* nicht sein!

Der Polizist zeigte mir eine lange Liste mit Namen. Und ja, da standen mein Name, mein Geburtsdatum, die Daten stimmten! Wer auf der Liste stand, landete im Gefängnis. Ich war dran. Ich war tot.

Ich konnte nicht mehr sprechen, mich nicht mehr bewegen, ich bin mir nicht mal sicher, ob mein Herz noch schlug. Ich hörte meine Mutter schreien, weinen, so laut, so herzzerreißend.

Und dann sagte der Polizist plötzlich in einem Anflug von ironischer Selbstgefälligkeit des Mächtigeren: »Ach komm, du hast ein nettes Gesicht. Verpiss dich! … Verpiss dich!«

Sobald ich mich umdrehte, um in den Bus einzusteigen, würde er mir in den Rücken schießen, da war ich mir sicher. Sie haben keinen Grund, dich gehen zu lassen. Ein »nettes Gesicht« … Ich atmete kaum, bewegte mich nicht. Doch er blieb dabei, wiederholte seine Worte, vielleicht zog mich auch Mutter am Arm. Irgendwann traute ich mich, ich sah, wie mein rechter Fuß einen Schritt machte, dann der linke, und irgendwann trat ich auf die erste Stufe zum Bus. Nichts passierte. Ich nahm die nächste Stufe, und es passierte immer noch nichts.

Ich sank im Sitz neben meiner Mutter zusammen mit pochendem Puls und klappernden Zähnen. Ich fror. Das Thermometer auf den Bildschirmen zeigte dreißig Grad. Da draußen standen Menschen mit Waffen. Warum hat er mich gehen lassen?

Meine Mutter redete auf mich ein, doch es drang nur der Klang ihrer Stimme zu mir, den Inhalt der Worte erfasste ich nicht. Als ich einige Stunden später im Flugzeug saß und mich anschnallte, dämmerte mir, dass ich wohl nie mehr würde zurückkehren können nach Syrien. In das Land, das ich eigentlich nie hatte verlassen wollen. Mein bester Freund Tarek hatte nicht so viel Glück. Damals wusste ich noch nicht, dass ich ihn nie wiedersehen würde. Er war 15 Jahre alt, als er verhaftet wurde, und zwei Jahre später würde er in Folterhaft sterben.

# Hard to get: Eine behördliche Liebesgeschichte mit Happy End

*Abdul.* Mein Rendezvous mit Deutschland begann wie ... wie eine Story mit diesem Mädchen in der Disco, das dir erst gar nicht auffällt – doch dann siehst du sie und musst sie kennenlernen! Du sprichst sie an und sie dreht sich weg, als wärst du Luft. Was tun? Ihr Desinteresse macht sie noch interessanter, und du versuchst einen anderen Spruch, noch einen und einen dritten – aber sie? Und in dem Moment, da du aufgibst und denkst »Na dann halt nicht«, in diesem Moment dreht sie sich zu dir um, sieht dich an und sagt »Hallo!« Und du? Denkst: »Scheiße, jetzt nix vermasseln«, suchst eilig nach den richtigen Worten – was sagt man dann am besten?

So ähnlich also war das damals mit mir und Deutschland. Ich hatte das Land gar nicht auf dem Schirm, damals in Syrien 2012, und als sich Deutschland zu mir umdrehte und »Hallo« sagte – da sagte ich ...

Doch zurück zum Anfang. Zuerst muss ich von den Umwegen, Hindernissen und Zufällen erzählen, die meine Reise begleiteten, sonst haltet ihr mich für verrückt.

Vom Frühjahr 2012 hatte ich kaum etwas mitbekommen. Ich bereitete mich gerade aufs Abitur vor, meine Ferienlektüre war vier Regalmeter lang, rund zweiundvierzig Kilo schwer und bestand aus Tausenden Seiten rund um Genetik, Integralrechnung, syrische Geschichte, syrische Helden, die siegreiche syrische Nation und ein bisschen Physik. Meine Schreibtischlampe brannte oft bis in die Morgenstunden – und während meine Kumpels Said und Hasan auf der Straße Fußball spielten, starrte ich aus dem Fenster und sah eine lange Reihe an Zahlen und Rechenzeichen vor mir. Nur mittwochs und freitags am Nachmittag, wenn meine Mutter bei Tante Amani war, stahl ich mich ins Computerzimmer und glotzte auf den Bildschirm, ich hing immer noch im dritten Level Assassin's Creed: Brotherhood.

Nach dem Abi wollte ich studieren. Und deshalb saß ich an einem der Prüfungstage mit anderen Schülern aus verschiedenen Schulen in einem stickigen Zimmer. Synchron beugten wir unsere Köpfe über die Aufgabenblätter, als der Lehrer, der die Prüfung überwachte, die Uhr startete: »Hundertzwanzig Minuten, aaaab – jetzt!« Das vertraute Rascheln der Blätter, kurz darauf hörte ich einen Mitschüler seufzen, ebenfalls ein sehr vertrautes Geräusch in diesem Moment. Ich sah auf, er zuckte mit den Schultern. Andere kauten auf ihren Stiften herum, rauften sich die Haare oder trommelten nervös mit ihren Fingern. Was, wenn ich die Prüfung nicht schaffe? Was… Bchchchchccmmmmmm! Unsere Köpfe schreckten hoch. Bchchchchccmmmmmm… Bchchchchccmmmmmm… Bchchchchccmmmmmm. Das Donnern war ganz nah und kam aus allen Himmelsrichtungen. Ich sah den Lehrer an, er zuckte ebenso bei jedem Knall zusammen. Ratlose Gesichter. Er forderte uns auf, ruhig zu bleiben und weiterzuschreiben, seine Stimme zitterte. Bomben fielen in unserer direkten Nachbarschaft – und wir mittendrin sollten uns auf die Mathe-Abituraufgaben konzentrieren. Echt jetzt? Echt jetzt.

Ich beugte mich wieder übers Blatt, versuchte leserlich zu schreiben und aus diesem zähen Gedankenbrei aus Zahlen, Vektoren, Kriegsbildern und den Gesichtern meiner Familie, aus diesem ganzen Leben in meinem Kopf etwas Sinnvolles zu destillieren und auf Papier zu bringen.

## Über Umwege

Trotz allem bestand ich die Prüfung und hatte mein Abi in der Tasche. Bald darauf schon musste ich mit meiner Familie aus Syrien fliehen, mein Vater wurde bedroht. Dieses Abi war so ungefähr das Letzte in meinem Leben, was ich ohne Umwege erreichte. Mit meiner Familie ging ich Richtung Westen, nach Ägypten. Mein Vater, ein Mathematikprofessor, fand dort aber keine Arbeit, und die Studiengebühren wären einfach unbezahlbar für uns gewesen. Nach zwei Monaten folgte der nächste Umweg: Libyen, hier fand mein Vater Arbeit, ich freute mich für ihn, für meine Mutter, aber ich selbst löste mich auf. Obwohl ich überall so gerne Fotos schieße, machte ich hier kein einziges, so als existierten weder ich noch dieses Land, nichts wollte ich dokumentieren. Ich war hier, aber nur auf dem Papier. Studieren konnte ich in Libyen nicht, die Lage war zu gefährlich, und mein syrisches Abitur wurde dort nicht anerkannt. Dennoch wollte ich bleiben – bei meiner Familie. Wochenlang hatte mein Vater schon versucht, mich zum Gehen zu bewegen, ich sollte in ein anderes Land, in dem ich die Universität besuchen konnte. Ich blieb stur. Und plötzlich sagte er eines Abends zu mir: »Abdul, du bist nicht mehr willkommen in der Familie.«

Ich spürte, wie mir ein bis dahin unbekannter Schmerz durch den Körper fuhr, sich in der Herzgegend festsetzte und mir von dort aus den Hals zuschnürte. Vater hatte es mir bestimmt leicht machen wollen, mein Glück nun auf eigene Faust zu suchen. Vier Monate hatte ich Libyen ertragen. Doch er hatte wohl geahnt, dass ein gebrochenes Herz irgendwann verheilen würde – im Gegensatz zu zerplatzten Träumen. Ich habe ihn bis heute nicht gefragt, warum genau er das sagte damals, aber ich denke, so war es.

Am nächsten Tag war ich schon nicht mehr da, körperlich, seelisch und gedanklich. Ich wusste, dass ich als Syrer in der Türkei studieren kann, also flog ich im Mai 2013 ohne Umwege nach Istanbul. Meines Facebookwissens nach war die Stadt weltoffen, multikulti und vor allem: jung. Durch Istanbul strömt das Meer, die vielen bunten Farben, das Leben, das Nebeneinander von alt und neu – ich war schockverliebt.

In der Studentenkanzlei erkundigte ich mich nach den Kursen und allerlei – und flog aus der Kurve. Eine einseitige Liebe würde das werden mit der Türkei und mir. Studieren ja, arbeiten nein! Wie sollte ich die Uni dann bezahlen? Mich finanzieren? Und dann: Selbst mit einem türkischen Abschluss in der Tasche dürfte ich nicht in der Türkei arbeiten, was habt ihr euch nur dabei gedacht?

Ich grüßte also täglich das Murmeltier: Morgens ging ich in Läden, fragte »Iş?«, machte im besten Fall die Arbeit, die man mir zuteilte, Putzen im Restaurant zum Beispiel, ging abends zurück nach Hause, das ich mir mit etwa zehn Personen teilte, und hatte dort Angst davor, wie es mit mir und meinem Leben weitergehen würde. Schwarz konnte ich mir in diversen kleinen Geschäften ein wenig Geld verdienen, ich lebte praktisch von der Hand in den Mund. Nur wofür?

Dennoch leistete ich mir eines Tages einen kleinen Ausflug und überquerte den Bosporus in einem dieser lustigen Boote, das hatte ich schon immer einmal machen wollen, und vielleicht würde es ja meine Stimmung heben. Ich saß auf dem Deck, es war schönstes Wetter, und mir war kotzübel. Ich hatte nicht gewusst, dass ich seekrank werden kann. Die Bugwellen des Tankers, der keine zehn Meter an uns vorbeizog, verstärkten die Wellenhügel um das Doppelte, und ich wollte nur noch runter, an Land und woanders hin.

Wieder am Ufer ging ich Richtung Taksim-Platz und quatschte, auf Autopilot, einen Typen an, fragte auf Türkisch nach der Uhrzeit. Ein Vorwand, ich hatte mich nur mit jemandem unterhalten wollen. Er verstand mich nicht. »You speak English?« Ja, das tue ich. Für denselben Abend verabredeten wir uns. John war Amerikaner und hatte großes Interesse an Geschichten von syrischen Geflüchteten. Er kam nicht allein, sondern brachte einen kanadischen Freund mit. Zwischen Mezeleri und Lammfilet sagte er: »In Deutschland kannst du studieren und arbeiten! Ich habe Freunde dort, die würden sich sofort mit dir treffen. Sie können dir sicher auch eine WG vermitteln.« Und so stand für mich, noch bevor der Nachtisch kam, fest: Ich gehe nach Berlin.

Berlin! Deutschland! Das Land … das … ja was eigentlich? Ich zählte an meinen Fingern ab, was ich über Deutschland wusste: FC Bayern München. Oliver Kahn. Maschinen. Viel Arbeit. Pünktlichkeit. Noch in derselben Nacht googelte ich alle Informationen zum Thema »In Deutschland studieren«, legte die benötigten Unterlagen bereit, und zur nächsten Gelegenheit war ich auch schon in Ankara in der Deutschen Botschaft und beantragte offiziell mein Studentenvisum.

Und dann wartete ich. Erst Wochen, dann Monate. Keine Antwort. Ich rief an, niemand konnte meine Frage nach dem Stand der Dinge beantworten, ich schrieb Mails, aber ich bekam nicht eine Antwort, nicht einmal eine automatische. Fast ein Jahr war vergangen seit meiner Flucht aus Syrien – und nirgendwo war ich angekommen, meine Eltern und Geschwister waren Tausende Kilometer weit weg, wir sprachen uns per Telefon, mailten –, dennoch fühlte ich mich allein. Mein einziger Lichtblick – die Deutsche Botschaft – sprach nicht mit mir, wandte sich von mir ab, warf mir nicht einmal einen Seitenblick zu.

Eines Tages entschied ich mich: aufgeben. Deutschland wollte nichts von mir wissen. Auf keinen meiner Anrufe reagiert, auf keine meiner Mails – es wird nix mehr mit

Deutschland und mir. Ich schrieb eine letzte Mail, auf Englisch, für die ich mich heute schäme. »Sehr geehrte Damen und Herren«, tippte ich wie im Rausch, »Sie haben mein Leben zerstört. Ich will nicht mehr nach Deutschland gehen. Ich habe keine Träume mehr …« Und so weiter und so weiter und seeeehr lang. Ich schrieb voller Überzeugung, voller Trauer, Wut und Verzweiflung, schrieb mir ein Jahr Ungewissheit von der Seele, ein Jahr Heimatlosigkeit und all das, was ich mir für mein Leben gewünscht hatte und nirgendwo finden konnte. Alles in der sicheren Überzeugung, dass sie mich abgelehnt hatten. Und vergessen, es mir mitzuteilen.

Eine Woche später klingelte das Telefon, ich stand gerade auf dem Balkon. Eine Frau sagte auf Englisch: »Herr Abbasi, hier ist Frau Klimt von der Deutschen Botschaft. Ich habe gute Nachrichten für Sie: Sie haben das Studentenvisum.« Ich starrte nach unten auf die Straße. Wenn mir mein Handy jetzt aus der Hand fallen würde, würde ich hinterherstürzen, das Gespräch nur nicht abbrechen lassen … Mir wurde schwindelig, ich setzte mich auf den gekachelten Boden.

»Hallo! Herr Abbasi?«, sagte die Dame. »Haben Sie verstanden?« Das konnte unmöglich wahr sein, nach meiner Mail können die mir doch kein Visum geben. »Sie haben das Visum. Sie können in Deutschland studieren.« Ich presste das Telefon ans Ohr und weinte wie ein kleines Baby. Es war mir peinlich, aber ich konnte doch nicht anders. Ich wollte jetzt genau das Richtige sagen. Aber was? Vielleicht, dass das Gewicht eines ganzen Öltankers von meinen Schultern fiel, genau jetzt, und ob sie das hören könne. Aber wie formulierte ich das auf Englisch? Dann sagte ich den einzigen vollständigen Satz, den ich auf Deutsch konnte: »Ich liebe dich!« Stille. Lange Stille. War das falsch gewesen? Vielleicht hatte sie mich nicht verstanden? Ich wiederholte: »Ich liebe dich!« Und sie lachte. Und ich sagte es noch einmal und noch einmal und noch ein paar Mal, denn es brachte sie immer wieder zum Lachen.

# Inte-was?
# Sprachlos in Deutschland

## Sprachkurse sind auf Ausländer vorbereitet, Ausländerbehörden nicht

*Abdul.* Ich war in Deutschland! Mein auswendig gelernter Satz »Ich habe das nicht verstanden« ging mir irgendwann selbst so auf die Nerven, dass ich dringend etwas ändern musste. Sobald man die Ausländerbehörde betritt, formen die Lippen quasi schon automatisch diese fünf Wörter. Einmal dachte ich morgens im Halbschlaf, ich hätte eine Wahnsinnsidee! Ich würde hingehen und diesen Satz einfach auf Englisch sagen: »Sorry, but I didn't understand this!« Im Traum hatte die Sachbearbeiterin kurz aufgeschaut, sich die Augen gerieben und von einer Sekunde auf die andere umgeswitcht auf bestes Mid-Atlantic-Englisch. Wir hatten uns prima unterhalten. Wir spielten alle Computer-says-no-Sketche aus »Little Britain« nach, warfen uns Dialoge aus »Sherlock« um die Ohren und erzählten uns schließlich schlechte Blondinenwitze auf Englisch, die so absurd waren, dass das ganze Großraumbüro irgendwann Tränen lachte. Abends gingen wir alle gemeinsam zum Essen, und ich übernahm die Rechnung. In diesem Moment war ich aufgewacht.

Der Traum kam nicht von ungefähr, ich hatte nämlich genau an diesem Tag einen der ungeliebten Termine in der Ausländerbehörde. Denn auch als frisch eingeschriebener

Medizinstudent musst du regelmäßig deinen Aufenthaltsstatus auf dem Amt aktualisieren lassen. Würde mich Englisch retten?

»*Ausländerbehörde.*« Schon die Tatsache, dass keiner jemals eine Abkürzung für dieses Wort erdacht hatte, spricht Bände. Welcher des Deutschen nicht mächtige Neuankömmling weiß, wohin er gehen soll, wenn ihm gesagt wird, »zur Ausländerbehörde« oder noch besser »auf die Ausländerbehörde«? Wer findet sich zurecht auf den spärlich beleuchteten, labyrinthartigen Behördengängen zwischen Zimmer A01 und Zimmer N387? Wer findet sich zurecht in den deutschen Uhr-[2] und Wartezeiten? Ich würde bald zu den wenigen gehören, denn schon bald sollte mich das Glück ereilen – oder war es Fügung?[3] –, auf *die Quellen* zu treffen!

In Berlin, meinem ersten deutschen Heimatort, gibt es nämlich eine Gruppe von finster dreinblickenden Arabern, die mit einer Ware handelt, wertvoller als Koks oder Diamanten. Der Zugang zu dieser Gruppe ist nicht einfach. Sie kommen auf dich zu, wenn sie das Gefühl haben, dass du Hilfe brauchst.

Mich passten sie eines Tages vor der Ausländerbehörde ab, kurz nach 14 Uhr, als ich verzweifelt vor verschlossenen Türen stand. »Die machen mittwochs um zwei zu.« Ohne Zweifel eine ihrer Floskeln, um mich in ein Gespräch zu verwickeln. Ich jammerte: »Ja, und was mache ich jetzt? Ich muss da rein, verdammt!«

---

2 Siehe Kapitel »ÖPNV«, Seite 197.

3 Siehe Kapitel »Aberglauben«, Seite 180.

Der mit dem akkurat gestutzten Bart legte mir sanft die Hand auf die Schulter: »Kein Problem, Mann, nur die Ruhe. Wie heißt du?«

»Abu-Abdu«, stotterte ich.

»Hör mal, Abu-Abdu, hol dein Telefon raus und speicher diese Nummer.« Er diktierte, ich tippte.

Als ich fertig war, warf er einen kontrollierenden Blick darauf und sagte: »Darf ich?« Ohne mein Einverständnis abzuwarten, nahm er mein Telefon und fügte der Nummer auch einen Namen hinzu. »Wenn du eine Frage hast, zu Ämtern, Behörden, Formularen, ruf mich an, okay? Hier ist alles ganz anders, als du es gewöhnt bist. Versuch gar nicht erst, logisch zu denken! Also: Wenn du hier reinwillst«, er tippte an die verschlossene Glastür, »dann komm morgen früh um drei, spätestens um vier, alles klar?« Ich nickte. »Und zieh dich warm an, es wird kalt!«

Wow! Warum war ich der Auserwählte? Müsste ich irgendwann eine Gegenleistung erbringen, so wie man das aus Mafiafilmen kennt? ›Mal schnell‹ einen Koffer irgendwo hinbringen? An einer Tür klopfen und dem käsebleichen Hausbewohner einen bluttriefenden Schweinekopf überbringen? Irgendwann, wenn ich schon gar nicht mehr damit rechnete? All das für Öffnungszeiten, Formulare, U-Bahn-Tickets, vielleicht sogar Methoden, um schneller an eine richtige Wohnung zu kommen oder sogar einen Studienplatz? War es das wert?

Sollte der Anruf jemals kommen – Leute, ich habe keine Zeit! Ich bin jetzt Flüchtling. Und Medizinstudent. Keine Ahnung, was mehr Zeit in Anspruch nimmt. Heute jedenfalls hatte ich meinen Termin in der Ausländerbehörde!

»Hallo, Herr Abbasi!«

»Hallo, Frau, äh, Schmidt, wie geht es Ihnen?«

»Danke, gut. Ihnen auch, hoffe ich? Was haben Sie mir denn Schönes mitgebracht?«

»Entschuldigung, wie bitte? Schön?«

»Ich nehme an, Sie haben die Bestätigung der Universi…«

»Uni?«

»Dann bräuchte ich noch die Information über die Krankenversicherung.«

»Krank…?

»Krankenversicherungsmitgliedschaftsbescheinigung.«

Jetzt war der große Moment gekommen! Ich sagte einfach: »Sorry, but I didn't understand this!«

Doch Frau Schmidt schien mich nicht gehört zu haben. Im gleichen Tempo sprach sie weiter. »Ohne Krankenversicherung steigen die mir aufs Dach, das können wir nicht machen.«

Ich starrte sie möglichst ausdruckslos an.

»Haben Sie das verstanden, Herr Abbasi?«

Ich lachte gekünstelt: »Sorry, but I did not understand!«

»Na, dann gebe ich Ihnen noch einmal diese Übersicht mit, was ich von Ihnen alles brauche. Schauen Sie hier«, sie unterstrich mit ihrem Kuli ein paar sehr lange Wörter, deren Bedeutung mir absolut fremd war (und bis heute ist), »das hier müssen Sie mir bis nächste Woche Donnerstag vorlegen. Nächste Woche Donnerstag, Herr Abbasi!«

Ich machte meine Augen so groß, wie ich nur konnte, und sagte ganz langsam: »Frau Schmidt, ich verstehe nicht. I don't understand. Do you understand that I don't understand?«

Lachend drückte sie mir den Zettel in die Hand: »Wunderbärchen, Herr Abbasi! Dann bis Donnerstag, gleiche Stelle, gleiche Welle! Tschüssi!«

Ich stelle mir manchmal vor, wie es wäre, wenn es überall so abgehen würde. Also auch in der Sprachenschule:

Ich: »I need to learn German, I need C1 for the university.«

Sekretärin: »Erstma heißt et ›Juten Tach‹, wa. Und dann füll'n Se mal dit Formular hier aus, dann seh'n wa weiter.«

# Hässliche Lieder, schönstes Deutsch

*Abdul.* Ich hatte ein Lied entdeckt – *mein* Lied! Garantiert zweihundert Mal hatte ich das Video damals angeschaut, in dem auf schwarzem Hintergrund der ausgestanzte Songtext synchron zur Audiospur lief. Ich konnte ihn auswendig mitsingen, auf Deutsch! Obwohl ich in Ägypten festsaß und zu diesem Zeitpunkt noch keine Minute Deutschunterricht gehabt hatte. Jetzt, ein ereignisreiches Jahr später in Berlin, war es Zeit, das »official« Video mit den echten Bildern anzusehen.

Typi, maximal 17, mit ner Art Punkfrisur, also »crazy« schwarze Haare und irgendwie wie aus einem Manga. Augen geschminkt wie 'n Mädchen und die Fingernägel schwarz lackiert, alter Schwede. Eine Augenbraue mit einem schwarzen Ring gepierct, so wie überhaupt das meiste im Video schwarz ist, und wenn er den Mund aufmacht, sieht man einen Metallknopf in seiner Zunge. Das Ganze spielt in einem Getreidefeld, in dem ziemlich sinnlos eine einsame Tür steht, nicht übel. Der Gitarrist hat so Rasta-Haare und nen Ring in der Unterlippe, die beiden anderen sehen eigentlich ganz normal aus. Was ich damals ohne Video nicht sagen konnte: Ob die eine Message hatten oder einfach nur Bock, so rumzulaufen. Aber warum auch nicht? Wahrscheinlich war genau das der Grund: Warum nicht. Läuft in Deutschland, kann man dort machen.

Leute, es war 2013, ich war gerade mal 19, kam aus Syrien, und das war eine deutsche Band, die auf Deutsch sang und sich »Tokio Hotel« nannte – und verdammt noch mal, war das aufregend! Wer sich traut, solche Klamotten und Frisuren zu tragen, der lehnt sich schon echt weit aus dem Fenster. Entweder, dachte ich, sind sie total verrückt und doof oder sie sind total genial und haben was zu sagen. Dieses Deutsch, das klang ganz okay, aber um was ging es da überhaupt? Zum Glück gibt es heute im Internet Hunderte Songtext-Portale und Leute, die die Texte in andere Sprachen übersetzen. Krass! Da gab es einen, der Arabisch sprach und genauso ein Fan war wie ich! Ich hatte eine 1A-Übersetzung meines Lieblingssongs gefunden. Und der Text war die Bestätigung, dass ich richtiggelegen hatte: Das war meine Musik, Tokio Hotel war meine Band!

Viele, nein: die meisten, nein: alle meine deutschen Freunde lachen über mich. In ihren Augen bin ich bemitleidenswert wegen meiner Tokiohotelitis. Sämtliche Kuren sind bis heute wirkungslos; ich stehe zu den Jungs, und das wird sich niemals ändern! Wegen Tokio Hotel bin ich Deutsch-Fan. Sie waren es, die mir Deutsch beibrachten, aber wie! »Durch den Monsun« – Alter!

In der ersten Woche, da ich hier war, konnte ich mich mit einigen wenigen Sätzen super verständigen. Das war natürlich, wisst ihr ja schon: »Ich liebe dich«, dann noch »Guten Tag«, »Entschuldigung« (wobei ich, glaube ich, eher »Entschundegum« sagte), »Ich verstehe nicht« – und der komplette Text von »Durch den Monsun« plus der Refrain von

»Automatisch«. Mehr braucht man erst einmal nicht, glaubt mir. Müsste ich einen Deutschkurs für Ausländer geben, ich würde ihnen genau diese Wörter und Sätze beibringen.

Mir jedenfalls haben sie zum Beispiel im Studentensekretariat echt oft weitergeholfen:

»Guten Tag, was kann ich für Sie tun?«

»Guten Tag. Äh – ich warte schon 'ne Ewigkeit, endlich ist es jetzt so weit.«

»Wollen Sie sich beschweren?«

»Ich verstehe nicht.«

»Nun gut. Möchten Sie sich einschreiben?«

»Entschundegum?«

»Anmelden? Studium? Do you want to apply?«

»Hey! Hey! Ich kämpf' mich durch die Mächte hinter dieser Tür, werde sie besiegen, und dann führ'n sie mich zu dir. Apply, yes.«

»Für welches Fach?«

»Farr?«

»Which field?«

»Ah! Dentist, Zeitmed… Zahnmedisin. Ans Ende der Zeit, am Abgrund entlang.«

»Ist das Tokio Hotel?«

»Tokio Hotel? Ja!«

»Oh Gott. Sind Sie sicher, dass Sie die Hochschulreife haben? Darf ich bitte Ihre Zeugnisse sehen?«

*Allaa.* Wenn man nach »Deutschlernen mit Songs« googelt, dann klappt sich eine Liste von akustischer Grausamkeit auf, die die CIA eins zu eins als Anleitung zur »psychologischen Kriegsführung« bereitstellen könnte. Man könnte auch einen Test draus machen, um deutsche Spione zu enttarnen: Jeder, dessen Adrenalinpegel beim Anhören dieser Lieder nicht sprunghaft ansteigt, muss einfach Deutscher sein, es geht gar nicht anders!

Als ich diese Musik entdeckte, stand leider schon längst fest, dass ich in Deutschland studieren würde. Mich beschlich dieses Gefühl, dass … ihr Deutschen kennt es vermutlich von diesem Kinderpartygag, wenn ihr in einen Schokokuss beißt, der heimlich mit Senf gefüllt worden war. Ich bekam die größten Zweifel, ob das Land, auf dessen oberflächliche, marshmallowhafte Zuckrigkeit ich möglicherweise vorschnell hereingefallen war, mir plötzlich nur noch Senftöpfe auf den Tisch stellen würde!

Der erste, größte und tiefste all dieser Töpfe hieß »Atemlos« und hatte 25 Millionen begeisterte Klicks! Beim Wort »Liebestattoo« begann ich instinktiv zu würgen (also in der ersten Strophe, noch vor dem zweiten »Woh-oh«). Okay, nächstes Lied: »Lieblingsmensch«. Ähm, nächstes, schnell! Dann wurde mir »Durch den Monsun« angeboten. Die Tokio-Typen waren zwar … krass, aber ich wollte mehr Schmutz, mehr Straße, mehr Realität. Vielleicht war ja das Stück danach mehr nach meinem Geschmack. Ich hatte keine Ahnung, was es bedeutete, aber der Titel klang irgendwie schräg: »Aber bitte mit Sahne«! Textlich quasi die Antithese zu Senf – aber das wusste ich damals noch nicht. Mein Gesicht verzog sich sofort zu einer Grimasse, als hätte ich nichtsahnend ein Glas sauer gewordene Milch[4] auf ex

4 Oder auch einfach Buttermilch.

hinuntergestürzt. Da war der Senfkuss ein Witz dagegen. Alter, was ging da ab? Ist das Musik für meinen Opa oder ich weiß auch nicht, jedenfalls muss ich jetzt sofort wieder vergessen, dass dieses Lied überhaupt existiert und dass ich es jemals gehört habe, sonst sonst sonst kann ich nie wieder lachen. Kann man bitte etwas ent-hören, und wenn ja, wie geht das? Ruft mich einfach an oder schreibt mir, wenn ihr wisst, wie, okay?

Ich habe noch tausend Fragen zu deutscher Musik und deutschen Texten – nur nicht zu denen von Sido. Durch Sido habe ich Deutsch gelernt. Seinen Rap angehört, die Texte übersetzt, schnell mitgesprochen – da lernst du richtig gut zu reden.

## Die Post-its-Methode

*Abdul.* Ich bin ein total visueller Mensch. Sachen kann ich mir nur dann merken, wenn ich sie vor mir sehe. Deshalb war schon in der Schule damals ein Karteikasten für die Englisch- und Französisch-Vokabeln meine Rettung. Jedes Wort ein Kärtchen, die neuen kamen immer ganz nach vorne, und wenn man sie auswendig gelernt hatte, wurden sie nach hinten ins Kann-ich-Fach gesteckt.

Genauso machte ich das nun auch in Berlin, um mir prä-Deutschkurs die überlebenswichtigsten Wörter dieser exotischen Sprache einzuprägen. Heute hatte ich »Kürbis«, »Zeitschrift«, »Duschgel«, »rennen« und noch einiges mehr gehört. Ich schaute im Wörterbuch nach und malte die deutschen Worte vorne auf die Karte. Dann drehte ich die Karte um und schrieb die arabische Übersetzung dazu.

»Kürbis – Kürbis – Kürbis«, murmelte ich vor mich hin. Ein komisches Wort, oder? Kann man sich nur merken, solange man es vor sich auf dem Zettel sieht. Ich ging kurz mal rüber in die Küche, ein Glas Wasser holen, da schrie ein großer orangefarbener Ball auf dem Küchentisch nach Aufmerksamkeit: ein Kürbis! Mein Mitbewohner Jan musste den vorhin vom Gemüsemann mitgebracht haben. Ich liebe Kürbissuppe! Und ich liebe meine mega Ideen: Ich rannte sofort zurück in mein Zimmer, holte die Karteikarte aus dem Kasten, schnappte mir eine Rolle Tesafilm und klebte die Karteikarte einfach auf das Gemüse der Sorte »Hokkaido«. Super, oder? Dasselbe machte ich noch mit »Zeitschrift« und »Duschgel«. Zu »rennen« hatte ich keine Idee, habt ihr eine?

Am Abend allerdings wurden mir die Grenzen meines revolutionären Lernkonzepts aufgezeigt: Der Kürbis war geschält und blubberte im Topf, die Zeitschrift lag aufgeblättert auf der Eckbank, und die Karteikarte »Duschgel« verstopfte nun den Abfluss der Badewanne. Das konnte es nicht sein! Ich erspähte einen Edding, Typ »abwischbar«, und öffnete den Kühlschrank. »Jan? Wie heißt das hier?«

Er sagte: »Gurke.«

Ich fragte: »Wie schreibt man Gurke?«, und er diktierte.

Beim K hielt er auf einmal inne. »Sag mal, das is' ne Bio-Gurke, Alter! Das is' voll giftig, das Zeug da!« Er riss mir den Edding aus der Hand. »Abdul, es ist ja toll, dass du unbedingt Deutsch lernen willst, aber du übertreibst es echt!«

Ich meinte kleinlaut: »Ich habe das nicht verstanden«, und er haute mir freundschaftlich auf die Schulter. »Ü-ber-treiben!«, rief er und spackte irgendwie rum, mit dämlichen Pantomimen. Verstanden habe ich ihn trotzdem nicht.

Also blieb ich, um des WG-Friedens willen, erst einmal bei den Karteikarten. Die Methode ist so zäh, so lebensfern, es brachte mich fast um – bis ich im 1-Euro-Shop zufällig ein Angebot für zwei Euro sah, das ich sofort wahrnehmen musste: eine Schachtel bunter Post-its (zu dem Preis natürlich ein Nachahmerprodukt). Das war die Lösung – und ich fing sofort damit an! Ich fragte meine Sitznachbarin in der Straßenbahn: »Wie heißt das hier?«

Sie stutzte: »Hm, Schachtel?«

Ich fragte: »Bitte, können Sie das hier schreiben?« und hielt ihr Stift und Post-it unter die Nase. Lächelnd fixierte ich den Klebestreifen auf meiner Post-it-Box und schaute mir das Resultat an. Perfekt! Das da war eine Schachtel! »Schachtel – Schachtel…«, sagte ich ein paar Mal vor mich hin, und dann hatte ich's kapiert. »Danke, meine liebe Frau«, verabschiedete ich mich und rannte von der Haltestelle nach Hause.

Absolut unbezahlbar waren die unterschiedlichen Farben der Klebezettel! Die gelben sollten von nun an für haptische Dinge stehen, also Sachen, die man in die Hand nehmen kann: »Aubergine«, »Schuh«, »Kugelschreiber/Kuli«. Die blauen, beschloss ich, stehen für die Sachen, die man nur dann in die Hand nehmen könnte, wenn man sich trauen würde: »Atombombe«, »Spinne«, »Schimmelpilz«. Die weißen reservierte ich für Immaterielles und Tätigkeiten, die grünen für Eigenschaften. In die Praxis umgesetzt hieß das: Auf den Hörer des alten grauen Festnetztelefons im Flur klebte ich eine weiße Notiz »Telefonieren/Telefonat«, auf den Boden der Bratpfanne ein weißes »Braten/Kochen/Dünsten« (was ich aus einem Kochbuch gelernt hatte) plus ein grünes »heiß!«, und nach der Kürbissuppe pappte ich mir ein glücklich grünes »satt« auf meinen Bauch.

Aber dann waren da in der Packung noch rote Post-its! Wofür würde ich die verwenden? Ja, ich würde Absurdes und

Interessantes damit markieren! Ich versuchte, die kleinen Stückchen gehackter Zwiebel auf einem Schneidbrett zu bekleben, was aber misslang (»gehackt/gehackte Zwiebel«), da ich das Papier aus Versehen ebenfalls zerhackte. Die übrig gebliebene Flüssigkeit auf dem Boden meines Suppentellers (»gegessen/aufgegessen/gegessene Suppe«) brachte leider das Papier dazu, sich aufzurollen – und am nächsten Tag bastelte ich übermütig eine aufwändige Konstruktion aus durchsichtigen Nylonfäden und Reißnägeln, die ein Post-it namens »Luft/Leere/Nichts« schwebend im Zimmer fixieren sollte. Ich war fast fertig, da kam Florian zur Tür rein und verhedderte sich verheerend in meinem philosophisch-linguistischen Spinnennetz. Er wurde ein bisschen sauer: »Ach Mann, Abdul, was machst du denn?«

Ich überlegte kurz und sagte: »Nichts. Ich mache nichts.«

Er sah mich zweifelnd an, als ich mir wortlos ein grünes Post-it mit der Aufschrift »normal« auf die Stirn klebte, und verließ dann augenrollend das Zimmer.

Auf den Lichtschalter im Flur mussten gleich mehrere Zettel – ein gelber (»Lichtschalter«), ein blauer (»Strom!«), ein weißer (»an/aus«) und ein roter (»hell/dunkel«). Rot? Für »Absurdes«? Ja klar! Wie hätte ich denn im Dunkeln das Wort »dunkel« lesen sollen? Ich stand vor einem Paradoxon, wollte mir dieses hübsche Wort natürlich trotzdem unbedingt einprägen.

Mitbewohner Nummer 3, Clemens, beschwerte sich, dass er langsam Schwierigkeiten beim Rasieren bekäme, er müsse sich durch ein circa acht mal acht Zentimeter großes Guckloch spiegeln. Um einer Beschwerde beim WG-Rat zuvorzukommen, sortierte ich die vierzehn Post-its, die auf dem Ikea-Silverån-Schrank klebten, übereinander. Musste »Fettfleck« über »Putzen« oder darunter? Ich hatte keine Ahnung mehr! Ich erfand eine Methode, Post-its mit Haarspray und Sonnenblumenöl wasserfest zu machen, sodass ich Gegenstände unter der Dusche und in der Spüle markieren konnte. Ich dachte mir ein Re-Design meines Karteikastens aus, wodurch vorab ge-post-it-ete Begriffe auf ihre Verwendung warten könnten.

Von den acht Stunden, die ich täglich mit Deutschlernen beschäftigt war, entfielen mittlerweile vier nur aufs Kleben, der Rest ging drauf für Duudeln (mein Ausdruck für »online im Duden nachschauen), Aufschreiben und ein wenig Sprechen. Am Nachmittag hatte ich einen Termin beim örtlichen Konditorinnungsobermeister[5], weil ich ihn fragen musste, ob er Esspapier mit einem lebensmittelechten Klebestreifen versehen könnte, damit ich mir Begriffe wie »ein Bissen« oder »Zunge« leichter merken konnte. Er empfahl mir, Eigelb zu verwenden, darüber hinaus gab er mir ungefragt den »guten Rat«, es »nicht zu übertreiben«. Da war es wieder, dieses Wort! Ich schrieb es auf ein Post-it und klebte es auf eine leere Seite meines Notizbuchs.

Nach zwei Wochen Post-it-Methode war ich ein wandelndes Lexikon des Hausrats geworden, meine deutschen Freunde staunten nur noch. Nur: Was war mit all den Dingen, Eigenschaften und Absonderlichkeiten, die draußen auf der Straße, in der Uni oder im Freibad gelernt werden wollten?

5 Drei Post-its lang.

Anders als Allaa gehe ich sofort auf Leute zu, wenn ich etwas will, warum also nicht auch auf Dinge?

Vor ein paar Tagen wurde mir erzählt, dass mein Post-it mit der Aufschrift »Handgriff/Haltegriff« noch immer auf der Buslinie X33 spazieren fährt, und ich habe mit eigenen Augen beobachtet, dass die Putzfrauen im dritten Stock vom Karstadt am Hermannplatz nach wie vor akkurat um meinen grünen Klebezettel »durchsichtig« herumwischen. Meine Kommilitonen wollten mir das typisch deutsche Studentenspiel Skat beibringen, verloren aber schnell die Lust, da ich anstelle von Spielkarten meist Post-its auf den Tisch knallte. »Hey, können wir mal bitte vernünftig spielen?«, maulten sie und bestellten dann noch ein Bier.

»Ihr müsst das verstehen, Leute«, versuchte ich zu beschwichtigen. »Ich verstehe nicht, warum das ›Stechen‹ heißt. Das ist doch totaler Unsinn!«

Sie verstanden nicht.

Meine Kleberitis ist mittlerweile, drei Jahre später, chronisch geworden. Noch immer hole ich die Post-it-Box aus meiner Schreibtischschublade, wenn ich mir einen Begriff nicht merken kann. Selbst in meiner Wohnung, dem Zuhause eines Deutsch-C1-und-DSH-Absolventen[6], wirst du noch heute bunte Zettelchen finden, die die weißen Flecken auf meiner sprachlichen Landkarte tilgen sollen.

»Immatrikulationsbescheinigungssammelmappe« klebt zum Beispiel auf einem Ordner – ein Wort, an dem ich mich

---

6 DSH: deutsche Sprachprüfung für den Hochschulzugang. Note DSH 2 = C1.

täglich erfreuen kann, auch wenn es »schlecht Wetter hat«. Unsere WG-Einkaufszettel erstellen wir mittlerweile in der Cloud, deshalb habe ich die alte kleine Pinnwand neben der Eingangstür umfunktioniert, indem ich ihr mittels Post-it eine neue Aufgabe zuteilte: »Monatliche Festnetztelefonabrechnungseintragszimmerübersicht«. Anstatt mich passivaggressiv über die Essgewohnheiten meines Mitbewohners Clemens zu beklagen, klebe ich nun einfach kleine Scherzits, wie ich sie nenne, auf die Schüsseln mit seinen ekligen Müslresten: »Gerinnung« oder »Dicklegung«, seit Neuestem auch »Säurefällung«, was ich im Internet auf einer Seite über Käseherstellung entdeckt habe. Doch er war es nicht, der mich einen »schamlosen, maßlosen Maniac« nannte. Das war Allaa, und zwar auf der Feier zum Integrationspreis. Als Angela Merkel nach der Preisübergabe zurück in ihr Büro ging, fiel ihm ein blaues Post-it oben an ihrer Schulter auf: »Bundeskanzlerin«.

## Deutsch gelernt, asiatisch sozialisiert

*Allaa.* Zwei Wochen da, und ich konnte echt wenig Deutsch. Ich brauchte auch kein Deutsch. Noch nicht. Ich hing in einer Hamburger WG mit meinen arabischen Kumpels rum, wir schauten arabische Videos und lachten über arabische Witze. Ich konnte nicht mal sagen, ob meine Jungs gut oder schlecht Deutsch sprachen. Zum Überleben schien es jedenfalls zu reichen.

Wir lebten und leben in Hamburg-City, wo die Leute »Digger« sagen und »Moin« und »deine Mudder«. Ich war mir ziemlich sicher, dass ich im Sprachkurs die Bedeutung dieser Wörter gleich in der ersten Stunde lernen würde.

Aber zu meiner Enttäuschung begann die erste Stunde mit dem Wort »Karte«! Der Lehrer beamte Google Maps an die Wand, eine Online-Land-*Karte* (den letzten Wortbestandteil sollten wir uns einprägen), und ein paar von uns durften ihren Heimatort eintippen und zeigen, wo genau sie gewohnt haben. Ich rief die Karte von Idlib auf und doppelklickte mit der Maus auf die Elqosur-Straße. Der Lehrer fragte mich auf Langsamdeutsch: »Und, war es schön dort?«

Ich sagte, ebenso langsam: »Ja, es ist schön dort«, mit Betonung auf *ist*.

»Ah«, sagte einer der chinesischen Kollegen im Klassenzimmer, »ist!« Und noch einmal, lauter: »Ist!« Dann wurde er aufgerufen, uns seine Heimatkoordinaten zu zeigen. In lateinischer Schrift gelang es nicht, er schaltete die Eingabesprache um und tippte auf Pinyin den Namen einer chinesischen Stadt ein, klickte schließlich auf einen Häuserblock an einem der vielen Planquadrate.

»Ah«, sagte ein anderer und fing eine kleine, wohl witzige Unterhaltung an, woraufhin im ganzen Klassenzimmer getuschelt und gelacht wurde. Auf Chinesisch.

Der Lehrer unterband die Unruhe mit der gleichen Frage wie zuvor: »War es dort schön, äh, Tom?«

Ohne zu zögern antwortete der: »Ist.« Dann zog er sein Smartphone aus der Hosentasche und zeigte uns eine Bildergalerie seiner Heimatstadt. Wir sahen Fotos von Autos, Fotos aus einer grellen Bar mit Livemusik und Fotos von, wahrscheinlich, Toms Freunden, die betrunken in die Linse grinsten, auf dem Stehtisch einige volle und viele leere Bierflaschen.

Der Lehrer nickte und wechselte zu einem anderen Tab. Der zeigte eine andere Art Karte, eine *Spiel-Karte*: ein Herz-As.

»Poka?«, rief Tom begeistert und zeigte mit dem Finger auf mich. »Poka?« und immer wieder »Poka?« Ich deutete auf mein Handy und zog die Schultern hoch. Ich hatte letztes Jahr ein paarmal Onlinepoker gespielt, aber war ziemlich mies gewesen. »Aaah, Poka!«, freute er sich nun und tippte mit dem Finger auf eine imaginierte Armbanduhr an seinem Handgelenk.

Nun war ein U-Bahn-Ticket der HVV an der Wand zu sehen. Der Lehrer betonte Fahr-*Karte,* ich las jedoch *Einzel-*

*karte Kurzstrecke*. Hm. Egal. Dann tauchten noch eine Ansichts- oder Post-*Karte* auf (mal mit, mal ohne Foto), eine Speise-*Karte*, auf der groß *Menü* zu lesen war, und eine Visiten-*Karte*. »Ludwig Huber. Dipl. Päd. Sprachlehrer«. Als Letztes lernten wir, dass es auch eine Bank-*Karte* gibt, in diesem Fall eine *Haspa-Joker-Card*, was auch immer das war. Diese Bezeichnung ist vielleicht eines der vielen Geheimnisse der deutschen Sprache, die ich ergründen wollte. Der Gong läutete zur Pause.

Mein chinesischer Kollege Tom – in China heißt er natürlich anders, will uns aber mit chinesischen Zungenbrechern verschonen – packte mich sofort am Oberarm und lachte: »Poka! Ist!« So saß ich plötzlich an einem Tisch mit drei weiteren chinesischen Kursteilnehmern und hielt fünf Karten in der Hand. Ich versuchte mich an die Regeln zu erinnern, aber es hätte sowieso keinen Sinn gehabt, die Typen waren einfach verdammte Profi-Zocker! Mit jeder Runde, die ich verlor, verlor ich eine weitere Runde Lust, und sie kicherten mehr und mehr. So, »Pause zu Ende, es geht weiter!«

Noch einmal wurde das Bild der Ansichtskarte an die Wand gebeamt. Der Lehrer sagte langsam: »Eine Briefmarke für eine Postkarte nach Kina, bitte.« Wir sollten ihm nachsprechen. »Bitte eine Briefkarte für ein Karte zu Kina«, hörte ich. Oder: »Ein Brief nach Karta, bitte«, worüber alle lachten. Ich sagte: »Eine Briefmarke für eine Briefkarte nach …« – ich überlegte kurz – »… Idlib, bitte.«

Nach dem vierten Unterrichtstag hatten sich ein paar Kursteilnehmer zusammengetan. Wir hatten dafür bisher nur das Wort »Freundschaft« gelernt, heute würde ich es wahrscheinlich »Solidarität der Unwissenden« nennen – oder einfach »Mitleid«. Schließlich waren wir fast alle Gestrandete in einer Stadt, wie sie auf dem Mond kaum fremder hätte sein können. So war ich eines Freitagabends Gast in der WG von Marcel, ebenfalls chinesischer Abstammung, der mich und Farhad aus Iran zum Essen eingeladen hatte. Wir freuten uns auf Hot Pot, auf knusprige Ente und Frühlingsrollen mit süß-saurer Soße. Serviert wurde ein fettes, gekochtes Stück Schweinebauch, das Marcel mit den Worten »Mutta tu Hause, mmmh« auf den Tisch stellte. Er schnitt quaderförmige Stücke in der Größe eines Stücks Seife herunter, die er in einem undefinierbaren schwarzen Dip schwenkte und uns dann auf die Teller legte. Da wir uns untereinander nicht gut genug kannten, wusste ich nicht, wie Farhad auf dieses Haram-Gericht reagieren würde. Wir sahen uns nur an und lachten Tränen, bevor wir zu unseren Handys griffen und zwei Pizzen Tonno bestellten.

»Hey Marcel, das ist haram«, versuchten wir zu erklären. »Haram – weißt du, was das heißt? Wir dürfen das nicht essen. Schwein: oink oink!«

Er sah uns mit großen Augen an und begann lächelnd zu essen. Unter uns: In Wirklichkeit war »haram« nur eine Ausrede, sowohl Farhad als auch mir war es schnurzpiepegal, ob da Schwein auf dem Teller lag. Der Geruch des Essens und der allgemeinhygienische Zustand der WG ließen echt keine andere Alternative zu als Pizzaservice.

Ich ging ins Bad, um die öligen Rückstände der Pizza von meinen Händen zu waschen, entdeckte dort aber kein Handtuch, das meine Hände nicht schmutziger gemacht hätte als zuvor. In der WG-Küche fand ich ebenfalls keine Möglichkeit vor, mir die Hände antibakteriell abzutrocknen, dafür aber einen weit offen stehenden Kühlschrank, eine rot glühende Herdplatte (ich schaltete sie aus) und geschickt gestapelte Türmchen aus Tellern, Zeitschriften und CDs. Marcel lud uns dann ein, mit ihm eine Runde Playstation zu zocken. Warum nicht? So ein Spiel macht ja dann richtig Spaß, wenn man trotz aller Höflichkeit versucht zu gewinnen. Unser Gastgeber drückte ab und zu einige Knöpfe, während er mit seinem Kumpel im Nebenzimmer diskutierte. Gelegentlich hörten wir, wie der gegen die Wand schlug, und dann lachte Marcel. Es war ein schöner Abend, weil es noch früh genug war, um nach dem Essen in einer Shisha-Bar abzuhängen und uns auf Englisch und ein bisschen Deutsch über Fußball und die Mädels im Sprachkurs zu unterhalten. Farhad war echt ein witziger Typ.

Drei oder vier Wochen später. Nach dem Frühstück, Seidentofu mit schwarzen Bohnen und einem tausendjährigen Ei mit Sesamöl, saß ich zufrieden in der Küche meiner WG und wählte die Nummer der Ausländerbehörde, wie so oft in den letzten Tagen. Ich war froh, dass die Durchwahl nicht auf 4 endete, das würde Unglück bedeuten, dafür kam gleich zweimal eine 6 vor, was in Toms Heimat für »ohne Probleme« und »Erfolg« stand. Es konnte also eigentlich nichts mehr schiefgehen, als sich Frau Schmidt am anderen Ende meldete.

»Hallo, Frau Schmidt«, sagte ich und nannte zur Identifikation Namen und Geburtsdatum. Ich war ziemlich stolz auf mich, dass ich mittlerweile ohne größere Aussetzer auf Deutsch telefonieren konnte, es machte manchmal sogar richtig Spaß. Nur schien heute der Wurm drin zu sein, denn immer wieder hörte ich: »Entschuldigung, was meinten Sie gerade, Herr Faham?«, und dann plötzlich, nach einer kleinen Pause, die Frage: »Sind Sie das, Herr Faham?«

Whaaat? Warum sollte ich nicht ich sein? Ich starrte auf die Winkekatze auf der Fensterbank. Sie winkte mir aufmunternd zu, aber was wusste sie schon? Seit zwei Wochen telefonierte ich mit immer der gleichen Beamtin und hatte nie ein Problem. Verstand sie mich auf einmal nicht mehr? Warum? Wurde mein Deutsch durch die Sprachenschule etwa immer ... schlechter statt besser?

Ich sagte, etwas beleidigt, in den Hörer: »Ja, warum nicht? Hier spricht Allaa Faham!« Oder zumindest dachte ich, dass ich das sagte, denn mein Mitbewohner Nader, der die ganze Zeit mit gespitzten Ohren neben mir am Tisch saß, zog mit seinen Fingern die Augen zu Schlitzen, dabei bewegte er den Mund wie eine Marionette. Was sollte das? Bei diesem Schauspiel konnte ich mich an kaum ein deutsches Wort mehr erinnern und radebrechte hektisch ins Telefon: »Ein Moment bitta, ich telefone Sie dann noch einmal in funf Minuta«. Ich boxte Nader in die Rippen. »Hey, was machst du? Bist du bescheuert oder was?«

Er meinte trocken: »Digger, du redest wie 'n Schinese« und lachte sich kaputt.

»Mit einer Hand kann man nicht klatschen«, erwiderte ich angepisst, verbeugte mich und rannte in mein Zimmer.

Der Typ hatte doch ein Qi-Problem! Ich redete wie ein Chinese? So ein Quatsch! In unserem Kurs war ich der Bergtiger, auf leisen Sohlen bescheiden und sicher zum Gipfel des Erfolges unterwegs, ich würde meinen Test mit Bravour bestehen!

Zur Beruhigung zündete ich ein Feng-Shui-Räucherstäbchen an, setzte mich an den Schreibtisch und begann zu üben: »Tscheschises – nein: Tseches – nein …«

Glaube keinem Deutschen über 3, wenn er dir vom ultimativ wichtigsten Wort seiner Muttersprache erzählt. Mein allererster Mitbewohner in Hamburg kam aus Bayern, und er erklärte mir: »Wenn du das hier aussprechen kannst, dann kannst du quasi Deutsch!« Wow! Das klang einfach, ich würde üben, üben, üben! Dann sah ich den Zettel, den er mir geschrieben hatte. ›Tschechisches Streichholzschächtelchen‹. Ich wurde ein wenig blass, aber schon am nächsten Tag präsentierte ich ihm meine Expertise. Als er abends zur Tür hereinkam, sagte ich anstelle der üblichen Begrüßung: »Tscheschisches Streischolzschäschtelschen«, woraufhin er mir auf die Schulter klopfte und meinte: »Wahnsinn. Allaa, echt der Wahnsinn!« In den Tagen darauf wurde mir bewusst, dass mir der stundenlang geübte Begriff im Alltag rein gar nichts brachte. Ich bekam nicht mal einen Lacher.
Andere Beispiele für solche Fallen sind »Fischers Fritz fischt frische Fische«, »Zwischen zwei Zwetschgenzweigen zwitschern zwei Schwalben« oder »Brautkleid bleibt Brautkleid und Blaukraut bleibt Blaukraut«. Letzteres ist doppelt komisch, weil im Lehrbuch unter dem Bild ›Rotkohl‹ steht.

Meinen Szechuan-Dialekt wurde ich schnell wieder los, mittlerweile besuchte ich den zweiten Kurs und eilte mit Riesenschritten auf das A2-Examen zu. Den Lerninhalten war ich um Monate voraus, es war einsam am Gipfel, auch wenn ich nun kein Bergtiger mehr sein wollte. Mein Banknachbar Young-Jun tat sich unglaublich schwer mit Grammatik, Zeichensetzung, Lesen und Vokabeln, kurz: mit allem. Ich versuchte ihm im Unterricht zu helfen, er war ein cooler Typ, dessen Musikgeschmack sich mit meinem ziemlich überschnitt. Also dachte ich mir, ich lade ihn mal zu mir ein und bringe ihm Deutsch mittels meines Lieblingsstücks von Sido bei. Na ja, er nickte ständig. Was so viel bedeutete wie »Ich verstehe« oder auch »Ich verstehe nicht«. Er war gerade mal eine halbe Stunde fort, da klingelte mein Handy.

»Allaa?«

»Hey, Young-Jun, was geht ab? Alles klar?«

»Allaa! Kaata! … Allaa! Kribben in Bauch! Kaata!?«

»Immer mit die Ruhe, Digger! Was is' los?« Ich hörte ihn atmen. Im Hintergrund waren Schritte zu hören und eine fremde Stimme. Sie sagte: »Mach ma hin, Junge, ich hab noch 'n Privatleben.« Einige Leute lachten. Young-Jun sprach nun leise und ganz nah in das Mikrofon des Handys: »Allaa! Kaata, Kaata?« Ich überlegte, welche Art Karte gemeint sein könnte und dachte an unsere erste Deutschstunde. War er in eine illegale Pokerrunde geraten, und ich musste ihn auslösen? Mit welchem Geld?

»Hey, Young-Jun!«

»Ja?«

»Spielst du Poker?«

»Nix Poka! Kaata!« Er wurde lauter, während seine Lippen immer noch direkt auf das Telefon gepresst sein mussten, seine Stimme klang eher wie eine Riesenwelle, die sich an einem Felsen brach. »Okay, okay«, sagte ich. »Wo bist du?« Er reagierte nicht. »Wo? Where are you?«

»Ah!« Nun versuchte er offensichtlich, ein Straßenschild abzulesen, doch es war vorprogrammiert: Wie hätte nun ich, über das Telefon, er unter Druck, mit schimpfenden Leuten im Hintergrund, auch nur eine Silbe verstehen sollen? Er atmete schwer, unterbrochen durch ein gemurmeltes »Kaata«. Was konnte ich tun? Ich versuchte sherlockmäßig nachzudenken: Karte. Check. Anruf. Check. Young-Jun. Check. Halle. Hm.

Er… steht in der Post und möchte seinen Eltern eine Ansichtskarte von Hamburg Beach verschicken, aber weiß nicht, wie viel die Briefmarke kostet? Ich sagte langsam ins Telefon: »Bitte, was kostet…«, und er wiederholte: »Bitte wa kottet…« Ich fuhr fort, obwohl ich mir selbst nicht mehr so sicher war, »… eine Postmarke?« Er wiederholte: »… ein Pontmate…«, und ich vervollständigte: »… für ein Briefkarte.« Er: »… fur ein Biefkaake.« Dann rief er: »Neein! Kaataa! Kaataa!«

Mist! Erinnere dich an die verschiedenen Bedeutungen von ›Karte‹, Allaa! Was, wenn es eine Landkarte wäre? Quatsch, niemand war jemals über einer Landkarte verzweifelt. Nächstes! Speisekarte? Ah!

»Hey, Young-Jun!«

»Ja? « Er klang hoffnungsvoll.

»Restaurant? McDonald's?«

Noch bevor ich beim Apostroph angekommen war, rief er wieder: »Neeein! Kaata!«

Jetzt hatte ich's! Er steht vor einem Geldautomat und bekommt kein Bares! Oder der Horror: Sie haben seine Karte eingezogen! Das würde mich auch zur Verzweiflung treiben! Ich sagte: »Hey, ich bin gleich bei dir. Aber ich muss wissen, wo du bist. Wo? Verstehst du?«

Er wiederholte: »Vastehs du.«

»Hey. Digger. Wo bist du? Wo?« Eine eigenartige Pause entstand. Wahrscheinlich fiel Young-Jun auf, dass er das Wort »wo« schon einmal gehört hatte – und fragte sich nun, was es bedeutete.

»Allaa«, flüsterte er. »Serentanz.« Was? Serentanz? Ich rief ins Telefon: »Was? Serentanz?«

»Seter-nasches?«

»Digger, warum fragst du mich?«

»Sascht...«

»Lass es, Digger!«

Wieder eine Pause, dann fragte er: »Digger?« Zum Glück triggerte dieser Begriff aus dem Mund des hilflosen Koreaners das lokalpatriotische Hilfe-Gen eines der Anwesenden auf der anderen Seite des Telefons. Ich konnte hören, wie jemand näher kam und kurz darauf eine heisere Männerstimme: »Sternschanze meint er, Alder. Sternschanze!«

Young-Jun legte auf. Er legte einfach auf, gibt's das? Mit ein wenig Glück würde ich in zehn Minuten an der Sternschanze sein. Und mit ein wenig mehr Glück wäre auch er noch da.

Die U-Bahn kam gerade an, als ich unten die Rolltreppe verließ. Ich fuhr selten um diese Zeit, die Waggons waren ziemlich leer, sodass ich mir einen ruhigen Platz ohne Nachbarn aussuchen konnte. Wie wäre die gleiche Situation in

Syrien verlaufen? Ich überlegte. Je plastischer ich mir alles vorstellte – den Sprachkurs, Young-Jun, das Telefongespräch, die Leute am U-Bahnhof –, desto absurder wurde Deutschland. Konnte es sein, dass einfach *alles* anders verlaufen wäre? Was genau macht die Menschen zu dem, was und wie sie sind, wie sie handeln und sich entscheiden? Was hatte Syrien aus mir gemacht, und was machte die Deutschen zu Deutschen? Würden sie nicht das Gleiche tun: sich einfach in eine U-Bahn setzen, um zu helfen? Ich war mir nicht sicher. Plötzlich fiel mir auf, dass ich lachte. Ich hatte mir gerade vorgestellt, wie Young-Jun am Al-Hijaz-Bahnhof in Damaskus stand, um ihn herum eine Traube von Männern, Frauen, Kindern, die einfach nicht glauben konnten, dass er kein Arabisch sprach, geschweige denn lesen konnte. Sie würden auf ihn einreden, irgendwelche Knöpfe drücken und ihm Äpfel und Gebäck anbieten. So würde er zwar nicht vom Fleck kommen, aber immerhin nicht verhungern. Und dann lachte ich nicht mehr. Schon allein, dass ich mir solche Gedanken machte – machte mich das schon zu einem halben Deutschen? Und wenn ja, wäre ich dann eine verwässerte Mischung? Oder hatte ich die Weisheit beider Welten gesehen und konnte mich nun von Situation zu Situation entscheiden, welche Hälfte zu einer besseren Lösung käme? Aber was hieß »besser«? Meinte ich »menschlicher« oder meinte ich »vernünftiger«? Warum entweder-oder? Schloss vernünftiges Handeln vielleicht die Menschlichkeit aus? Sicher nicht. »Nächster Halt Sternschanze. Übergang zur S11, S21 und S31«, dröhnte der Lautsprecher in meine Verwirrung.

Im letzten Moment schlüpfte ich durch die Schiebetür,

und wenn ich die Lage richtig interpretierte, war da auch schon Young-Jun. Immer wieder bildete sich nämlich an einem Automaten eine kleine Schlange von Leuten, die nach einiger Zeit bemerkten, dass nichts voranging, und ihm auf die Schulter tippten. Aber er reagierte nicht wirklich, nur sein zuckender Mundwinkel ließ darauf schließen, dass die Berührung bei ihm angekommen war. Als ich bereits aus einiger Entfernung seinen Namen rief, winkte er mich ganz selbstverständlich zu sich rüber.

Es war kein Geldautomat, sondern ein Fahrkartenautomat, mit dem er kämpfte. Als ich fragte: »Ticket?«, sagte er: »Ja, Ticket.« Ich lachte. »Alter, warum sagst du nicht gleich ›Ticket‹? Kein Mensch hier sagt ›Karte‹, Mann!« Ich drückte ein paar Knöpfe, warf ein paar Münzen hinterher, die Einzelkarte und das Wechselgeld fielen in den Ausgabeschacht. Young-Jun nahm alles an sich, sagte: »Danke, Allaa, Al-ta!« und stieg in die U3.

# Kampfstern Formularica

*Allaa.* Heute war kein Sprachkurs, ich hatte also Zeit, meine To-do-Listen durchzugehen und festzustellen, ob »abgehakt« tatsächlich auch »erledigt« bedeutete. Manchmal, so war mir aufgefallen, machte ich zum Beispiel ein Häkchen, wenn ich ein Formular ausgefüllt hatte – nur war es deswegen längst noch nicht bei der Behörde! Das Abschicken musste man schon selbst erledigen, auch in Deutschland. Ich zählte die mit je einer Büroklammer zusammengehaltenen Papierstapel: Genau fünf waren es, und auf meinem Schreibtisch lag noch ein besonders kompliziertes Exemplar, »Antrag auf Erteilung einer Aufenthaltserlaubnis«, dem eine mehrseitige Checkliste beilag mit allen relevanten Unterlagen, die ich zusätzlich einreichen musste. Doch dazu brauchte ich Hilfe. Zum Glück hatte ich noch ein paar Tage Zeit. Jetzt erst mal zur Post mit den dringenden Sachen!

»Hey, Nader, haben wir noch Kuverts?«, rief ich auf Arabisch ins andere Zimmer.

»Nä!«, kam es sofort zurück.

»Sicher?«, fragte ich noch einmal nach.

»Sicher«, rief er, »und … hast du noch was zu essen?«

»Nö«, antwortete ich über den Flur, »aber ich bring was mit!«

»Okay«, vernahm ich und glaubte herauszuhören, dass er sich Mühe gab, sich den schokoladegefüllten Mund nicht anmerken zu lassen.

Ich brauchte zunächst Kuverts. Meine Postfiliale ist praktischerweise zugleich auch Schreibwarenladen, Tabakladen, Zeitschriftenladen, Reinigungsannahmestelle, Lotto-Toto-Dealer, Versicherungsmakler und macht massiv Werbung für das russische Reisebüro der Schwägerin sowie einen Thai-Massage-Salon in der Nachbarschaft. Dafür gibt es auf 22 Quadratmetern drei verschiedene Kassen. Wo man sich anstellen muss, lernt man erst mit der Zeit.

»Dort drüben bitte«, sagte der fahle Inhaber mit den gelben Fingern ausdruckslos, als ich ihn mit meinen Kuverts in der Hand fragend ansah. Er trat hinter dem Tresen einen Meter nach links, suchte das (handgeschriebene) Preisschild und sagte: »Einsvierzig.«

Als schließlich meine Kuverts befüllt und zugeklebt waren, legte ich den Stapel auf die Theke der Postannahmestelle rechts. Der Inhaber rührte sich nicht vom Fleck. »Kaputt«, sagte er heiser. »Diepostkasseistheutekaputt.«

Das verstand ich, das ist international. »Kaputt …?«, wiederholte ich und deutete auf die beiden anderen Kassen im Raum. Er schüttelte träge den Kopf: »Getrenntekassen. Gehnsiezurpostanbehselerplatz.«

Was? Ich hatte kein Wort verstanden! »Bitte – aufschreiben?«, fragte ich und hielt ihm demonstrativ den Lotto-Toto-Kuli hin, da er auf keinen Fall mit seinen Fingern meinen Handybildschirm berühren sollte. »Fümfminutenvonhier«, keuchte er und hielt mir den Zettel mit der Adresse hin.

Draußen übertrug ich ›Post Beselerplatz‹ in die Navi-App.

Die Rezensionen auf der Seite machten mich neugierig: Im Durchschnitt der letzten zwölf Monate gaben die Besucher einen Stern von fünf möglichen. Einer Postfiliale! Leute! Auf dem Weg ließ ich mir die Texte übersetzen und war, kaum im Gebäude angekommen, überrascht, dass dort alles recht normal aussah, zunächst. Bis mir auffiel, dass keine Menschen im Raum waren, weder Kunden noch Angestellte. Musste man klingeln? Ich konnte nichts finden, also stellte ich mich an die Theke und wartete. Nichts passierte. Die Rezensenten hatten vom »langsamsten Personal« gesprochen, also musste es schließlich Personal geben! Ich räusperte mich, dann tat ich so, als würde ich telefonieren und sagte »Hallo?« und »M-hm«. Als von jenseits des Tresens ein Geräusch zu hören war, sagte ich »Okay, tschau!«, und schon stand eine kleine runde Frau vor mir. Ihr silbernes Namensschild wies sie als B. Blaszczak aus, ein Zungenbrecher, also sprach ich sie besser nicht mit ihrem Namen an: »Guten Tag, ich möchte eine Briefmarke bitte fur diesen Briefen.«

Sie schaute mich mit zusammengekniffenen Augen an. Dann, langsam, öffnete sie den Mund: »Na! Einekönntnbüschenknappwerden!«

Wie bitte? »Ja. Was kostet das?«, fragte ich und schaute auf die Briefe, um ihrem seltsamen Blick aus dem Weg zu gehen.

Wieder gab es eine Pause. »Wogehtdadennhin, Afghanistan?«

Das hatte ich verstanden: Afghanistan. Vielleicht hatte sie gar nicht Afghanistan gesagt, das konnte ich bei meinen aktuellen akustischen Verständnisproblemen nie wissen. Ich hatte ja auch schon einmal »Flüchtlinge« verstanden anstatt

»Müsli«, und »Elbfähre«, obwohl jemand »elf Gefährder« gesagt hatte. Im Augenblick wollte ich mich nicht unbedingt darauf verlassen, dass ein Kompliment ein Kompliment und eine Beleidigung auch wirklich eine Beleidigung war.

Mein Ziel war einfach nur, diese verdammten Briefe loszuschicken, also fragte ich noch einmal: »Was kostet das?«

Frau Blaszczak warf nun endlich einen Blick auf die Adressen hinter den Zellophanfenstern und zog die Augenbrauen hoch. Was sollte das nun wieder heißen? Wofür war das ein Code? Und war es überhaupt einer? Als sie »Dreirozehn« sagte, vergewisserte ich mich des korrekten Betrages auf dem Kassendisplay, sagte höflich »Ja« und schob ihr einen Zehner über den Tresen. »Hasdufleischzehncent?« Ich sagte wieder »Ja« und wartete auf die Quittung. Das »Ja« entfuhr mir automatisch, denn in einer arabischen Unterhaltung ist das ein Zeichen der Aufmerksamkeit. Wer nicht alle paar Sekunden mal »Ja« sagt, hört dir nicht zu, so die Regel. Quasi.

Und nun geschah etwas Sonderbares: Die Postangestellte holte aus einer Schublade ein Formular und legte es mir hin. Samt Kuli. »Hamsentresseanpostbankonto? Kannsduanjedenautomatvonkeschgrupgeldabhem. Kommerzdresdnerdeutschehypoundsoweiter. Kostdichkeinfennich!« Zum ersten Mal lächelte sie. Und Leute, wenn mich jemand so anlächelt wie Frau B. Blaszczak, dann kann das nichts Schlechtes bedeuten! Sie wollte … ja, was wollte sie? Ein Angebot, mir künftig das Briefeverschicken zu vereinfachen, keine Frage! Hey, ich wäre nicht mehr auf meine Filiale im Schreibwarenladen angewiesen, dann würde ich einfach eine Magnetkarte irgendwo durchziehen und … geil! Ich sagte begeistert »Ja!«

»Hierdennamneintrarenbitte?« Sie deutete mit ihrer Kugelschreiberspitze auf die erste Zeile.

Ich sagte: »Ja. Name?«

»Ja, Name hier. Nachname – Vorname«, sagte sie mit sanfter Stimme und lächelte milde. Ich schrieb meinen Namen in die erste Zeile, dann wie üblich Adresse und Telefonnummer.

»Denrestmachichfersieherr … Faham.« Ich lächelte zurück. ›Faham‹ hatte ich verstanden, obwohl es etwas komisch betont war. So langsam gewöhnte ich mich an den Klang der deutschen Sprache.

Und so standen wir uns lächelnd gegenüber. Ich erwartete, eine Magnetkarte oder so etwas überreicht zu bekommen oder zumindest eine weitere Quittung oder einen Durchschlag. Aber es kam nichts. Sie wartete wohl darauf, dass ich etwas tat, denn sie sagte: »Sie können jetzt nach Hause gehen.« Das hatte ich verstanden, jedes einzelne Wort! Dabei wollte ich gar nicht nach Hause – ich musste doch noch einkaufen!

Natürlich endet die Geschichte hier nicht. Ich weiß mittlerweile auch, dass es keine Methode zum einfacheren Briefeverschicken gibt[7]. Drei Tage später bekam ich zwar eine Magnetkarte mit der Post, aber sie war blau, nicht gelb, und darauf stand: Postbank. Ausgestellt war sie auf den Namen »Allah Faham«, mit H, also »Gott«! Liebe Postbank, ich nehme das als Kompliment!

---

7 Aber das bringt mich auf eine Hammer-Geschäftsidee!

## Sag zum Abschied leise …

*Allaa.* Während das Bad im Nebel versank und meine zwei, drei Lebensgeister unter dem heißen Wasserstrahl langsam wieder auftauten, konjugierte ich das Wort »erfrieren«. »Ich erfriere, du erfrierst, er sie es erfriert, wir erfrieren, ihr erfriert, sie erfrieren.« Merkst du was? Niemand wird erfroren. Ich erfriere mich selbst. Du erfrierst dich selbst. Er sie es erfrieren … Ich brauchte Strategien gegen den Kältetod in Deutschland. Strategie Nummer 1: Warme Socken anziehen. Strategie Nummer 2: … Moment: Warme Socken kaufen. »Socken«, das Wort knallt so richtig, scharfes S, hartes CK.

Lernen wir es falsch oder sprechen Deutsche falsch? Das »en« in Socken spricht man nur in der deutschen Sprache der Sprachschüler; in der deutschen Sprache der Deutschen wird es verschluckt, es könnte fast ein M oder ein NG sein: das Ende der endsilbigen Vokale, im Rachen stecken geblieben, erschlagen von den Konsonanten: Sockm, Sockng.

Die Leute sagen, die deutsche Sprache wäre hart, doch das deutsche Wetter ist härter. Ich musste mich ihm heute stellen. »Komm, Allaa«, hatte mein Cousin Ashraf gesagt, der ebenfalls in Hamburg wohnte, »ich muss mit meinem Auto zur Werkstatt. Fahr doch mit.« ›Fahr doch mit‹ hieß ›komm mit der U-Bahn bei mir vorbei‹. Also raus aus der Wohnung, rein in das Wetter. Ein ungleicher Kampf. Regen peitschte mir horizontal entgegen, immer ins Gesicht. Ich spannte den Schirm auf, mein faltbares persönliches Nylondach. Der Regenschirm übrigens wurde erfunden von einem Abt, Alcuin von Tours, aufgewachsen in Yorkshire, gereist nach Parma, nach Aachen und überallhin, so wie seine Erfindung heute allgegenwärtig ist im globalen Straßenbild, unverkennbar ist der Regenschirm selbst geblieben und dabei überall heimisch. Ein Integrationswunder.

Doch der Schein trügt, er ist eine Luftnummer, eine Mogelpackung, eine Irreführung der neu Angekommenen in Hamburg. Der historische Regenschirm schützt vor der Nässe von oben, wie sie einen vielleicht in Parma, Aachen oder Leeds überrascht, in Hamburg aber regnet es dich frontal an. Herkömmliche Regenschirme müssten genau genommen »Vertikalregen-Schirme« heißen. In Hamburg brauchst du »Horizontal- oder Parallelregen-Schirme«. Gibt es noch nicht, soweit ich weiß, der Hamburger macht lieber in Schiffen und Musik. In ein paar Jahren aber, da bin ich mir sicher, wird es den »Horizontalregen-Schirm« geben, erfunden – natürlich – von einem Flüchtling, der in Hamburg strandet, am Tag darauf schon fast erfriert, am darauffolgenden von kaltem Regen besprengt wird und so wie ich jetzt den ollen Vertikalregen-Schirm zusammenfaltet und in den Rucksack steckt. Er wird sich nicht nur einen Horizontalregen-Schirm wünschen, sondern hoffen, ihm würde unter der dicksten Daunenjacke zusätzlich ein Fell wachsen, um in diesen kalten Gebieten wenigstens eine klitzekleine Überlebenschance zu haben. Auch Handwärmer für die Taschen und in den Schuhen, damit die befellten Füße nicht so frören, Ohrenwärmer und eine dicke Kapuze, natürlich mit Visier, das bis hinunter zum Kinn oder der Brust ginge, wären sinnvoll. Und oh bitte: eine tragbare Sonne, ein portables UV-Licht für die gute Laune. Und dann, nach vielen Jahren, wird er endlich eine Arbeitserlaubnis erhalten, ein Horizontalregen-Schirm-Start-up aufziehen und damit der ganzen arabischen Community eine Art Happy-Pill in die Hand drücken.

Ich wachte aus meinem Tagtraum auf, es knallte um mich herum, zischte und röchelte. Das waren meine U-Bahnmitfahrer, zwischen Husten, Schnupfen und Gesprächen auf Deutsch. Manchmal ist das schwer voneinander zu unterscheiden. Doch ich kämpfte mich akustisch durch, horchte auf alles, was ein Wort sein konnte, das ich verstehen könnte. »Schaiß Wetta!« und »Hu, kalt«, »Hund«, »Frühstück« – ging doch, vielleicht würde ich bis zum Aussteigen schon ganze Sätze verstehen. Ich probte gedanklich schon mal, wie ich meinen Cousin Ashraf gleich begrüßen würde: »Hey Digger, was ein schaiß Wetta!« und als Nächstes: »Auto kaputt. Schaißa.«

Endlich im VW meines Cousins sah ich den Scheibenwischern bei der Arbeit zu. Wusch, wusch – weg mit den Tropfen und Wasserschlieren. Her mit der Wärme, ich drehte das Gebläse auf und hielt mein Gesicht in den warmen Luftstrom. Wir fuhren auf das Werkstattgelände, wo sich Reifen neben dem Tor stapelten. Ashraf stieg schon mal aus, regelte irgendwas und fuhr dann den Wagen in die Garage, bedeutete mir ebenfalls auszusteigen, ich lief Parcours um ölschillernde Pfützen, über rostige Auspufftöpfe, Felgen und andere undefinierbare Bleche und Gummistücke. Als wäre das Schmuddelwetter vom Himmel gefallen und hätte sich an diesem Ort anorganisch materialisiert.

Ein Mechaniker, gut dreimal so breit wie ich – und ihm war wohl gut dreimal so warm wie mir –, wuchtete einen Autoreifen von hier nach da. Wir beide waren wie Yin und Yang: hier Gänsehaut, dort Schweißtropfen, die von seiner Stirn perlten, keiner von uns kam klimatisch gerade klar, jeder war auf seine Art überfordert. Die nackten Arme voll Öl und Dreck, stand er jetzt vor uns und sagte »Moin die Hän« und »Ws knich füsietun?« Dabei schlug er mit einem 30er-Schraubenschlüssel auf ein altes Blech. Ich schaute zu Ashraf, keine Reaktion auf seinem Gesicht, doch dann – er lächelte. Ich ging mit ihnen um das Auto rum, schaute neugierig schräg unter den Wagen, so wie sie – der Mechaniker schnaufte, vielleicht sagte er auch was. »Ist etwas Schlimmes passiert?«, fragte ich Ashraf auf Arabisch. Er schüttelte den Kopf. »Werdet ihr euch einig?«, fragte ich. Er zuckte mit den Achseln, wie um zu sagen: »Ja na klar, warum nicht?« Der Mechaniker hob seinen Kopf, wanderte umher und schlug mit diesem riesigen Schraubenschlüssel auf Reifenstapel. »Es … klingt aber nicht so«, sagte ich vorsichtig. Ashraf lachte, sprach dann mit dem Mechaniker, der mich ansah und ebenfalls lachte, mir seine schweißnasse Hand auf die Schulter legte und kräftig zudrückte. Ich legte den Kopf in den Nacken, um diesem Berg von Mann ins Gesicht sehen zu können, beobachtete seine Lippenbewegungen und hörte ganz genau zu. Ebenso gut lauschte ich meinem Cousin, der alles für mich übersetzte.

Mechaniker: »Seit wann also?«

Ashraf: »Seit ein paar Tagen.«

Mechaniker: »Und es ruckelt nur beim Anfahren?«

»Moment«, unterbrach ich Ashraf. »Es ist seit Tagen kalt, ständig Nebel und Regen. Kann doch daran liegen?« Vielleicht ging es dem deutschen Auto wie diesem syrischen Jungen, und es hatte einfach Anlaufprobleme bei so einem Wetter?

Ashraf übersetzte dem Mechaniker. Der schnalzte kurz und zog die Luft geräuschvoll durch seine Zähne ein.

»Kalt? Ja? Zehn Grad, ne. Die letzten Tage, plus minus eins, zehn Grad. Kalt, ja? Du kennst kalt nicht.«

In diesem Moment wichen die Lebensgeister aus mir. Heute früh in meinem sibirisch winterlichen Badezimmer hatte ich die Dusche ganz heiß gestellt und diese zwei, drei Geister langsam aufgetaut. Ich hatte ihnen warme Socken versprochen und für sie Regenschirme erträumt, die uns schützen würden, ein Fell und warme Kleidung, Taschenwärmer auch für die Füße. Ich musste sie jetzt irgendwie beruhigen und träumte deshalb erneut von diesem Von-vorne-Regenschirm, von warmen Socken und einem portablen UV-Licht, von… ein paar Wörter drangen zu mir durch: »Zündkerzen«, »Kupplung« und »Kraftstofffilter«.

Der Mechaniker gab meinem Cousin die Hand und schlug auf ein Blech. Der laute Knall holte mich wieder ins Hier und Jetzt zurück. Ich legte meinen Kopf in den Nacken, um die Schweißtropfen im Gesicht dieses Watzmannes ein letztes Mal bewundern zu können. Er hielt jetzt einen Hammer in der Hand und stieß damit donnernd gegen die Werkstatttür, sie quietschte und ging ein Stück weiter auf. Warum schwitzte er nur so? Musste ich mich mehr bewegen? Mit einem Werkzeug durch die Gegend laufen, auf Gegenstände hauen, überlebte man so den harten Hamburger Winter? Die ölverschmierte Hand wischte er sich an einem Tuch ab und drückte meine dann ganz fest, ein Kumpelhändedruck, der schmerzte, ich hielt kurz die Luft an, er musterte mich von oben bis unten mit zusammengekniffenen Augen und sagte dann, mit einem Blick, als schaue er durch mich hindurch: »Je dünner, desto kälter. Gilt für Jacken und Menschen, ne. Kauf dir ma ne warme Jacke, Anorak, Parka. Gefüttert. Iss ma was. Je gefütterter, desto wärmer. Gilt für die Jacken und Menschen, ne.«

Genau das wollte ich, genau jetzt. Schawarma und warme Wollsocken, eine warme Jacke, Haarwuchsmittel für das eigene Fell. Ich ging los, umlief eine schlammige Pfütze und wahllos verteilte Gegenstände, dann ertönte ein glockenklarer Klang aus der Werkstatt. Die Stimme eines zarten Wesens, vom Himmel geschickt vielleicht. Ein Sonnenstrahl fiel auf dieses finstere Gelände. Ich drehte mich um, dort stand der Berg zwischen den Werkstatttüren, halb im Licht, halb im Schatten, die Hand zum Gruß gehoben, die Lippen zum Gruß geformt, und er tönte, er flötete wie ein blond gelocktes Chormädchen, das nur für uns sang: »Tschüüü-ü-ss.«

Als ginge plötzlich die Sonne auf, der beste Regenschirm für dieses Wetter, das beste Ende einer jeden deutschen Unterhaltung – so warm, so angenehm, so niedlich, so ungemein niedlich: »Tschüüü-ü-ss.« Egal, wie kalt es draußen ist, ich möchte meine Arme ganz weit ausbreiten und dieses Wort und diesen Menschen an mich drücken. Die Deutschen können nicht anders, sie flöten, trällern dieses Wort, Vögelchen gleich. Das ist German Lifestyle – sie reden in einem Tonfall miteinander, wie man ihn eher in einer Räuberbande vermuten würde, doch zum Abschied erhellen sich ihre Gesichter, dann lassen sie das zarte Vögelchen aus seinem Käfig, und es dreht zwitschernd einige Runden in Freiheit.

Müsste ich ein Lied über die Deutschen komponieren, würden seine letzten Töne so klingen, genau so: 

## Wir lernen uns über Facebook kennen

*Allaa.* Juni/Juli 2015 waren zwei seltsame Monate. Die Hamburger Sonne ließ sich kaum blicken, und es war saukalt. Das sollte der deutsche Sommer sein? Ich hatte ganz andere Bilder von der legendären Deutschland-WM 2006 im Kopf: wir Kids zu zehnt gedrängt vor dem nagelneuen Flat-Screen, es gab Eistee, Gebäck und gekühlte Melone. Welche Mannschaften spielten, war uns egal, wir bejubelten einfach jedes Tor und sprangen wie wild durch das Wohnzimmer. Jede Schwalbe und jedes spektakuläre Foul bedachten wir mit ohrenbetäubenden Buh-Rufen. Ab und zu wurden Bilder von Menschen mit Hüten in Form von Bierkrügen und in schwarz-rot-gelber Kriegsbemalung eingeblendet, die Leute schienen glücklich und ausgelassen, lachten in die Kamera oder schnitten blöde Grimassen. Immer wenn ein Tor für die Deutschen fiel, flog die Kamera über ein Menschenmeer vor einer riesigen Leinwand, im Hintergrund die Kulisse »Brandenburger Tor«, »Siegessäule«, »Hamburger Hafen« oder »Fachwerkhäuser«. Und das Wetter dort schien traumhaft zu sein, also eigentlich wie bei uns.

Und neun Jahre später saß ich hier in meinem Zimmer, ein paar Kilometer vom Hamburger Hafen entfernt, mit einer wollenen Strickjacke, weil es mir allein im Hemd zu kalt gewesen wäre, und langweilte mich. Zum Rausgehen war ich nicht in der Stimmung, aber ganz hängen lassen wollte ich mich auch nicht. Ich klickte mich ziellos durch Facebook. Alles öde heute. Hey! Vielleicht konnte man ja per Internetvideo ein paar Sätze Deutsch lernen? Dann wäre ich draußen auf der Straße wenigstens verbal kein Alien mehr.

Noch während ich tippte, klappten die ersten Gruppenvorschläge in der Suchmaske auf. Deutsch lernen in drei Tagen, Deutsch lernen – so geht's ganz leicht, Deutsch lernen im Schlaf… Alter, das nervte! Okay, letzter Versuch, eine Gruppe, die Syrern das Leben in Deutschland erleichtern wollte. Ein Video, der Typ sieht nett aus. Ein bisschen traurig – und somit passte er eigentlich ganz gut zu meinem komischen launischen Tag. Klick, play: Er sagt, er kommt aus Aleppo. Soso, Alter. Jetzt komm zur Sache, du hast dreißig Minuten Zeitleiste da unten, nun füll die mit was Interessantem!

»Die deutsche Sprache hat mit dem Arabischen so gut wie nichts zu tun, wir lesen und schreiben von rechts nach links, wir…« Boah, was geht? Ich übersprang zwei Minuten: »Während die Mauren bereits im achten Jahrhundert in Spanien…« Alter! Klick – fünf Minuten vor: Wo war er? Er war nicht mehr im Bild! Auf dem Bildschirm war eine leere weiße Wand! Ich rieb mir – total theatralisch, ich weiß, aber is' wahr – die Augen und zog den Cursor eine halbe Minute zurück. Da sagte der Typ: »… aus dem Griechischen und Lateinischen. Moment, ich hole mir einen Tee.« What? Ich hüpfte noch mal zurück an die Stelle. »Moment, ich hole mir einen Tee.« Dann lief er aus dem Bild und blieb erst einmal – weg. Er hatte nicht etwa eine Kanne mit gebrühtem Tee, aus der er sich eingoss, nein, man hörte, wie er erst mal den Tee *von A bis Z zubereitete!* WTF? Ich sprang im Video fünf Minuten vor, zehn Minuten, ich wollte Deutsch lernen, Mann, und nicht dir Nerd beim Leben zuschauen! Den Rest des Videos nahm ich im Schnelldurchlauf, dann stand für mich fest: Dieser Typ hatte sich gerade von Null auf Eins katapultiert – auf der Hitliste der f*cking langweiligsten Videos meines Lebens!

»Voll langweilig«, kommentierte ich, dann machte ich mir auch einen Tee. Heute wundere ich mich, wie mir das so leicht rausrutschen konnte, aber so war es nun einmal, und es sollte sogar für etwas ziemlich Tolles gut sein.

Als ich zurückkam ins Zimmer, hatte ich einen Antwortkommentar erhalten: »Dann sag mir, wie ich's besser machen kann.«

*Allaa.* الفيديو كتير ممل. Das Video ist voll langweilig.

*Abdul.* كيف فيني حسنه. Wie kann ich es verbessern?

*Allaa.* (mit einem großen Schuldgefühl): هاد رقمي اتصل عليه Ja, ich kann dir sagen, wie man's besser machen kann. Wir sollten mal telefonieren.

Klarer Treffer für ihn. Mein patziger Kommentar erschien vor seinem höflichen noch kindischer.

Wow, und so ging es los. Sobald er seine Telefonnummer rübergeschickt hatte, rief ich ihn an. Ich kann mich noch genau erinnern: Die Art, wie er sprach, über was er sprach und über was er lachte: Ich hatte keinen Zweifel, dass wir uns gut verstehen würden. Als Syrer (nicht wahr, Abdul?) checkt man nämlich so einiges ab, wenn man sich zum ersten Mal unterhält. Und mir wurde dabei langsam wärmer – so warm, dass ich die Strickjacke ausziehen musste.

Als Erstes versuchst du herauszuhören, welche Einstellung zur Religion dein Gegenüber hat. Wenn einer total religiös ist, dann sind bestimmte Themen tabu. Ich hatte aber keinen Bock mehr, meinen Mund zu halten. Und ich hatte das Gefühl, dass der Typ auf der anderen Seite des Telefons auch so dachte. Und so fühlte. Er brannte für irgendwas, das war klar. Abdul war sehr aufgeregt und interessiert. Egal, was ich vorschlug, er war damit sehr einverstanden und wollte nur loslegen, so schnell wie möglich, als ob er nur auf mich gewartet hätte.

»Hey Abdul, ich habe da so eine Idee …« Ich erzählte ihm von dem, was ich vorhatte zur deutsch-syrischen Verständigung, was mit Videos, eine Integrationshilfe, ganz praktisch und gleichzeitig lustig. Ganz ähnlich wie das, was er machte – nur ohne zwischendurch Tee zu kochen und.so-weiter.dreißig.Minuten.lang.

»Findest du echt, ich bin langweilig? Ich bin doch ein Mensch, ich muss was trinken, ich muss auf die Toilette gehen, ich …«

Ich unterbrach ihn: »Wie bitte? Du bist in dem Video auch aufs Klo gegangen? Wann?« Ich konnte nicht mehr vor Lachen. Hatte ich tatsächlich die beste Stelle übersprungen? Mann!

Ohne auf mein Gelächter einzugehen, fragte er: »Aber die Witze, die Wortspiele und die ganzen Gags mit der Sprache, das fandest du doch auch gut? Allaa? Allaa? Die sind doch gut, die Witze?«

Ich sagte nichts. Ich musste nachdenken. Ja, der Typ

war witzig, aber eben nur im Dialog, nicht alleine vor der Kamera. Vielleicht sollten wir einfach mal ausprobieren, ob wir es zu zweit besser hinbekommen würden? Ja – genau so machen wir das!

Ich rief: »Okay! Kommst du mal nach Hamburg, Abdul? Lass uns mal quatschen, klingt geil!«

Abdul behauptet noch heute, dass meine Begeisterung gespielt gewesen sei. Leute, glaubt mir! Ich hab das absolut ernst gemeint! Wirklich!

Hamburg, eine Woche später: Wir rauchten erst mal zwei Stunden lang gemeinsam Shisha, und danach war die Sache klar. Ist immer so bei uns.

# Deutschland, was geht ab?

# Liebe

## Verliebt in den Mann hinter der Maske

*Abdul.* Erstsemesterpartys sind der Hammer, Leute! Ein rauschendes Fest der Kommunikation, des Kennenlernens, des Austauschs! Eine Form des Austauschs ist ›Geld gegen Ware‹, hier: ›1,20 Euro für eine Flasche Bier‹. Durch diesen Austausch wird wiederum eine andere Form des Austauschs beflügelt, nämlich jener von Gesprächen. Ich stand gerade noch bei den Allgemeinmedizinern und versuchte zu kapieren, wie genau das mit der Pfandrückgabe der Plastikbecher funktionierte, da fiel mir auf, dass ich eine extrem interessante, weitere Variante von Austausch beinahe vergessen hatte: den Austausch von Blicken!

Gut, ich war daran gewöhnt, dass sich alle Gesichter mir zuwandten, sobald ich eine Party betrat, dass man mir hinterherschaute und tuschelte – alles vollkommen verständlich. Aber hier war jemand, der mich auf eine Weise ansah, wie ich es noch nie erlebt hatte.

Sie stand in einem Grüppchen von Leuten, die schwer einzuschätzen waren, Philosophen, Soziologen, Ägyptologen vielleicht? Ich wurde neugierig. Eine wunderschöne Frau mit schulterlangem Haar und eindringlichen Augen. In meinem Hirn fing es an zu rattern. »Ansprechen, Abdul!

Nur wie? Wie macht man das hier? Wenn sie dich so ansieht, dann ist da was Besonderes am Laufen! Gib dir 'nen Ruck und geh hin. Sag irgendwas! Vielleicht sagst du einfach …« Bevor ich mir etwas ausdenken konnte, stand sie keinen halben Meter vor mir und starrte mich an. Ich grinste verlegen.

Sie sagte: »Was soll die Pferdemaske?«

Ich hatte darauf keine Antwort, außer: »Ich mag halt die Pferdemaske.« Wichtig war mir, dass ich das Füllwort ›halt‹ unterbringen konnte. Das war so … so selbstverständlich, so nebenbei, so gechillt. Außerdem stimmte es! Es ist nämlich eine wirklich gute Pferdemaske, sehr realistisch. Sie hat ein paar optisch clever eingestanzte Luftlöcher, sodass man nicht so schnell zu schwitzen anfängt, und sie färbt nicht ab.

Aber die Frau starrte einfach weiter. »Aha.«

Wie komisch sie war! Quatschte sie jeden so an? Ihre Freunde jedenfalls schienen sie nicht zu vermissen, keiner schaute auch nur für eine Sekunde herüber. Ich stammelte: »Und wie findest du die Pferdemaske?« Irgendwie musste ich durch ziellose Fragerei das Eis brechen, schließlich gefiel sie mir nun, da sie vor mir stand, noch besser als aus der Entfernung! Aber wenn sie so weiterstarren würde, käme ich aus dem Konzept und würde sicher was total Peinliches tun oder sagen!

»Ich finde die eher peinlich, ehrlich gesagt.«

Das Beschissene an der Situation war, dass ich nicht wusste, was mich retten würde: Sollte ich die Maske ausziehen und einfach harmlos lachen, als hätte ich alles »nicht so gemeint«? Oder sollte ich sie aufbehalten, damit sie niemals erfahren würde, wer der Spinner war? Ich malte mir aus, wie ich sie dann nächste oder übernächste Woche in der Mensa anquatschen könnte – ich musste nur rauskriegen, an welcher Fakultät sie war.

Sie hielt mir ihr Handy vors Gesicht: »Ce Ge Jung hätte da ein paar Fragen …«, fing sie an, und ich wusste Bescheid! Psychologie! Sie würde mich zerpflücken – mein einziger Ausweg wäre, so zu tun, als würde ich nichts von dem verstehen, was sie sagte und mich elegant aus der Affäre ziehen. Psychologie, ausgerechnet!

Das internationale Spektrum des Ausdrucks von Gefühlen, so wurde mir gerade bewusst, könnte unübersichtlicher nicht sein! Was würde eine deutsche Psychologiestudentin von mir denken, wenn ich Syrer plötzlich mit »Vergrab mein Herz« oder »Ich möchte auf deinen Wimpern laufen« herausplatzen würde?

Hey, wer von euch hat da gerade gelacht?

Ich glaube auch, dass es in Deutschland nicht zum gängigen Werbeverhalten Pubertierender gehört, sich Wunden zu ritzen und Fotos davon an die Angebetete zu schicken. In Syrien läuft das anders: »Was? Sie ignoriert deine Liebesbriefe? Ich würde ihr einfach zeigen, wie sehr es dich schmerzt und dass du verbluten würdest für sie! Am besten, du ritzt dich schön auffällig und zeigst ihr das Ganze!« Wer zuckt da zusammen? Es funktioniert, ehrlich!

Na, wenn ihr das schon witzig-gruselig findet, dann empfehle ich euch, eine CD mit syrischen Schlagern aufzulegen und euch die Texte übersetzen zu lassen. Die Deutschen würden dann sagen: »Akute Suizidgefahr, sofort einliefern, den Musiker!« Die Syrer hingegen schwelgen in Erinnerungen: »Oh ja, das Gefühl kenne ich, ich liebe die Liebe.« Es gibt bei uns ja auch kein »ziemlich verliebt«. Entweder gibst du dein Leben für einen scheuen Blick der oder des Angebeteten, oder du bist nicht verliebt. Wenn du, lieber deutscher Freund, dich in eine Syrerin verknallen solltest, bitte nimm Abstand von den folgenden Sätzen. Sie würde dich nur auslachen.

*Übersicht über deutsche Liebesschwüre*
»Ich liebe dich«, »Ich kann nicht leben ohne dich«, »Du bist die Frau/der Mann meiner Träume«, »Schön, dass es dich gibt«, »Hallo Lieblingsmensch«, »Baby, glaub mir, das Beste bist du«, »Verdammt ich lieb' dich«, »Ich wollte dir nur mal eben sagen, dass du das Größte für mich bist«.

Wenn du in eine syrische Frau verknallt bist, findest du dich entweder hier wieder oder du lässt es besser ganz sein:

*Übersicht über syrische Liebesschwüre aka -floskeln :)*
»Vergrab mein Herz«, »Ich möchte auf deinen Wimpern laufen«, »Siehst du, wie weit die Sonne von uns ist! So lang währt meine Liebe zu dir!«, »Ich küsse die Augen des Gottes, der dich erschaffen hat«, »Deine Schönheit hat meine Seele getötet«.

Und nun stand da diese Psychologiestudentin vor mir und wollte womöglich wissen, woher die Narben an meinem rechtem Oberarm stammen? Ich legte hektisch meine linke Hand auf die Stelle und verschüttete dabei mein Bier. Sie lachte. Zum allerersten Mal lachte sie! Unter meiner Pferdemaske musste ich grinsen. Das war der Moment, an dem ich sie mir einfach vom Kopf zog und zu ihr sagte: »Noch eins?« Sie zuckte mit den Schultern. Ich lachte verunsichert. Mit einem kurzen »Okay« lief ich rüber zur Bar.

»Was darf's sein?«

»Ein Bier, bitte! Äh, ne, mach zwei!« Abdul, mach dir nicht so viele Gedanken und sei einfach du selbst, okay?

»Macht acht Euro.«

»Wie, acht? Nicht vier?«

»Zwo Euro Pfand pro Becher.«

»Okay, und wie geb ich den … «

»Der Nächste!«

»Hey, ich krieg noch zwei Euro von dir!«

»Sorry, Mann!«

Als ich an die Stelle zurückkam, wo wir zuvor gestanden hatten, war sie natürlich nicht mehr zu sehen. Ich stand da, in jeder Hand ein Bier, und schaute mich um. »Du hast's vermasselt«, dachte ich nur und trank den linken Becher gleich mal auf ex aus.

»Das ist aber lieb von dir«, sagte die Frau und schnappte sich einfach den anderen, noch vollen Becher. Sie stand plötzlich an genau derselben Stelle wie zuvor, so als wären weder sie noch ich weg gewesen.

»Wie heißt du?«, fragte sie mich.

»Abdul.« Mir fiel auf, ich hatte fast keine Stimme mehr.

Sie drehte mir ein Ohr zu und kam näher. »Was? Anton?« Ich gab ihr mein Bier zu halten, stülpte die Pferdemaske über meinen rechten Arm und bewegte mit der Hand die Gummipferdelippen, wie es Bauchredner tun. »Sein Name ist Abdul. A-B-D-U-L. Er ist super. Er ist ein toller Typ.« Der Pferdekopf drehte sich zu mir hin: »Und er sollte endlich mal fragen, wie sie heißt!« Ich setzte ein überraschtes Gesicht auf und sagte zu der Frau: »Ja, da hat er recht. Wie heißt du eigentlich?«

Sie versuchte ihr Pokerface zu behalten, aber man konnte deutlich sehen, wie sie ihren Nervus phrenicus nicht länger unter Kontrolle hatte. Früher oder später würde sie losprusten und … zu spät! Ihr Becher war auf dem Boden gelandet, und wir drei, sie, ich und das Pferd, spiegelten uns in einer Pfütze aus Bier.

In den Tagen darauf verabredeten wir uns täglich in der Mensa. Und abends. Und am Wochenende morgens und abends. Klingt so, als hätten wir uns ineinander verliebt, oder? So war es auch. Und Leute, ganz ehrlich, ich habe immer noch nicht die geringste Ahnung, warum sie glaubte, ausgerechnet den Typen mit der Pferdemaske anquatschen zu müssen. Warum überhaupt die Pferdemaske, fragt ihr euch? Ich feier gerne mit einer Pferdemaske, wenn ich betrunken bin. Und sie hat einen schönen Nebeneffekt: Wenn man nicht weiß, wie man zusammenfinden soll oder wie man eine Verbindung zu jemand anderem schafft, dann macht man es über Humor, bringt den anderen zum Lachen. Das funktioniert immer. Und wenn man sich dafür zum Vollhorst machen muss.

## Mann und Frau

*Abdul.* Keine Angst – auch wenn die Überschrift vermuten ließe, dass syrische Männer und syrische Frauen anders sein könnten als ihre deutschen Pendants: Biologisch unterscheiden sie sich kein bisschen!

Mein Telefon klingelte:

»Hallo Abdul, na, was machst du?«

»Ich? Ich denke an dich.«

»So so. Schön.«

»Ja, ich habe gerade an meinen Traum von letzter Nacht gedacht, da kamst du drin vor!«

»Tatsächlich? Erzähl mal!«

Ich legte eine CD ein und drehte die Lautstärke hoch. Arabische Musik ertönte – ich hielt mein Handy an den Lautsprecher.

»Hey, was ist das? Was machst du?«, rief sie, aber ich konnte sie nicht hören, die Musik war zu laut. »Was hat das mit deinem Traum zu tun?«

Ich rief: »Was? Was sagst du?«

»Was das mit deinem Traum zu tun hat?«

Ich machte noch lauter. Nach ungefähr einer halben Minute war das Lied zu Ende, und ich sagte: »Ich liebe dich.« Dann begann das nächste Lied. Ich machte noch lauter.

Als auch dieses Lied zu Ende war, wollte ich etwas sagen, aber ich sah, dass sie aufgelegt hatte. Ich rief erneut an.

»Liebst du mich nicht?«

»Abdul, was soll das?«

»Ich liebe dich.«

»Ja, das … weiß ich. Aber du kannst doch nicht einfach …«

Ich unterbrach sie. »In meinem Traum war eine Prinzessin in einem dunklen Kerker gefangen und …« Ich hörte, wie sie schwer atmete und deutete das erst mal als ein positives Zeichen. »… und der Schlüssel war verloren gegangen! Verloren.« Ich wiederholte das letzte Wort, um Zeit zum Nachdenken zu haben.

»Er lag auf dem Grund eines tiefen Sees, und der See war saukalt!« Was ich damit sagen wollte, wusste ich noch nicht, aber irgendwie findet man immer eine Lösung, oder?

»Der Einzige, der es wagte, in die eisigen Fluten zu springen, war …«, hier machte ich eine Pause, weil ich dachte, dass mein Schatz nun das fehlende Wort (»du«) ergänzen würde, aber es kam nichts.

»… war der Hofnarr, der heimlich in die Prinzessin verliebt war, verstehst du?«

Ich hörte wieder nur Atmen auf meine Frage. Was könnte das bedeuten?

»Verstehst du: der Hofnarr!? Und als er hineinsprang, da hörte sein Herz auf zu schlagen, so kalt war das Wasser …« – verdammt, ich würde aus der Nummer nie mehr rauskommen – »… und er sank auf den Grund. Doch da lag der Schlüssel, und als er ihn berührte, hatte er übermenschliche Kräfte, denn es war ja der Schlüssel zum Verlies seiner Angebeteten, und so lebten sie glücklich bis an ihr Lebensende. Punkt.«

Wieder kam keine Antwort. Ich sagte: »Magst du Schluss machen?«

Sie sagte: »Spinnst du? Nein!«

»Ach so, ich dachte schon.«

## Boy meets Girl

*Allaa.* Während Abdul sich heftig in eine deutsche Psychologiestudentin verliebt hatte, musste ich immer öfter an die Zeit in Syrien denken, als mir zum allerersten Mal auffiel, was für ein tolles Mädchen Zara mit den zwei süßen Zöpfen doch war ... Jeder, der schon einmal zehn war, weiß, dass in diesem Alter manche Tage nicht zu enden scheinen – egal ob in Deutschland, Timbuktu oder in Syrien.

Unendliche Wochen war ich damals nach Schulschluss mit meinen Kumpels zu ihrer Schule hinübergerannt, hatte mich in die Nähe des Tors auf einen Betonklotz gesetzt, meine Beine baumeln lassen und mit den Jungs irgendein Zeugs geredet. Worüber wir auf unserem Klotz genau lachten, wussten wir wahrscheinlich selbst nicht, wichtig war nur, fröhlich zu sein, wenn die Mädchen unserer Träume uns endlich entdeckten.

Die Schönste von allen, Zara, ging nach Schulschluss an uns, an mir vorbei. Tag um Tag war ich fröhlich und lachte, aber sie sah mich nicht an. Dann begannen die Sommerferien, und ich nahm Zara in Gedanken mit in den Urlaub, an den Strand, träumte davon, wie wir uns im darauffolgenden Jahr wiedersehen würden, ein wenig gebräunter und erwachsener.

Während meine Eltern und ich am Tisch saßen und aßen, flüsterte mein Bruder auf der kleinen Mauer, die außer Hörweite war, einem Mädchen Sachen zu. Unsere Eltern sahen hin und wieder augenrollend hinüber und machten eine Bemerkung. Dann redeten mein Bruder und das Mädchen kurzzeitig lauter über die Uni oder solche Sachen, bis sie wieder mit der Zeit immer leiser wurden.

Am nächsten Abend drückte ich mich hinter die Ecke der Hausmauer und lauschte, was er zu ihr sagte. *Dass er sich nicht erinnere, wie seine Tage ohne sie gewesen seien, dass er bezweifle, da überhaupt schon gelebt zu haben.*

Soweit ich weiß, war sie etwas jünger als er, er musste sich also verrechnet haben.

*Seit er sie das erste Mal gesehen habe, seien seine Tage voller Sonnenschein und Freude, und abends funkelten ihre Augen wie Sterne.*

Später wollte ich nach einem Vorwand suchen, um mir ihre Augen einmal genauer anzuschauen. Aber vielleicht hatte mein Bruder auch einen Sonnenstich und bildete sich das nur ein.

*Sie sei einmalig, denn die Natur habe sich an ihrer Schönheit verschwendet, sie für sie vollends aufgebraucht.*

Wenn Zara nach den Ferien aus dem Schultor kam, würde ich von meinem Betonklotz springen, sie ansprechen und ihr sagen, dass die Natur sich an ihrer Schönheit verschwendet habe und es nach ihr nie wieder ein Wesen von solcher Schönheit geben konnte und dass ihre Augen funkelten wie Sterne in der Nacht! Ich hatte ein wenig Angst davor, den Plan in die Tat umzusetzen, aber ich war ja fast erwachsen. Und wenn mein Bruder das konnte, dann konnte ich das auch.

Das neue Schuljahr begann. Zara hatte sich einen Pony schneiden lassen, die Zöpfe waren verschwunden. Meine Kumpels hatten mir Mut zugesprochen. Wenn das geschafft sei, würde ich zurückkehren als ein ganzer Mann. Keine

Herausforderung mehr würde mir zu groß sein. Sie sahen mich ernst an, packten mich fest an meinen Schultern. Ich sah die Angst in ihren Augen und konnte mir nur vorstellen, wie ängstlich ich selbst aussehen musste. Wieder lief Zara vorbei, ohne mich wahrzunehmen. Da sprang ich vom Betonklotz und lief auf sie zu, sie drehte sich zu mir um und sah mir direkt in die Augen – und ja, ihre funkelten tatsächlich ein wenig! Für diesen Moment hatte ich den ganzen Sommer geübt! Ich öffnete meinen Mund, in der Hoffnung, aber … nichts. Sie lächelte, und endlich passierte es. Ich redete mit ihr. Mein großer Auftritt.

»Zara«, sagte ich. »Ich weiß, wir kennen uns noch nicht – und doch ist es so, als ob ich dich schon mein ganzes Leben kenne.« Ich holte tief Luft und ließ sie endlich herauspurzeln, die Wörter, die ich so lange geübt hatte. »Du … du … bist zweimalig, aufgebraucht, du bist die Natur«, hörte ich mich sagen. »Nein, nein«, korrigierte ich mich, »was ich sagen will, ist: Ich erinnere mich, wie meine Tage ohne dich waren, voller Sonnenschein und Leuchten.« Was war nur los mit mir? »Damals habe ich gelebt«, sagte ich noch.

Zara drehte sich um und rannte davon.

Mein Bruder lachte am Abend über mich. »Dir fehlt die Übung, das kommt noch«, sagte er. Dann gab er mir Stift und Papier und den Ratschlag, alles aufzuschreiben. Morgen sollte ich Zara dann diesen Brief geben.

Das war gar nicht so leicht. Sobald ich aufschrieb, was mir durch den Kopf ging, stellten sich ständig neue Fragen, was ich ihr eigentlich sagen wollte und wie ich die Blamage vom Nachmittag wiedergutmachen konnte. Konnte ich?

Nach einer Stunde hatte mich der Mut vollends verlassen. Am nächsten Tag in der Schule kritzelte ich unter der Schulbank schließlich zwei Sätze aufs Papier. Mittags drückte ich ihr wortlos den Brief in die Hand, schwang mich zu meinen Kumpels auf den Betonklotz und ließ die Beine baumeln. Sie war tatsächlich stehen geblieben und las, holte einen Stift hervor, schrieb etwas auf meinen Brief und legte ihn auf den Betonklotz neben unserem. Dann rannte sie weg.

»Ich auch«, hatte sie unter meine zwei Zeilen geschrieben, die da lauteten: »Ich mag dich, aber ich bin schüchtern.«

Das war unsere Poesie der Schüchternen: Zu jeder Pause trafen sich unsere Blicke, manchmal lächelte einer von uns, doch gesprochen haben wir nie miteinander.

## Miteinander gehen auf Syrisch

*Abdul.* Auch ich habe das mit der Liebe natürlich schon damals in Syrien geübt. Zehn nach acht, sagte das Handy. Es war stockdunkel, der Mond war an diesem Tag nur eine millimeterdünne Sichel. Vor mir das Haus: fünf Stockwerke, durch die Fenster schien so gut wie kein Licht, der Hauseingang ein schwarzes Loch, knapp zehn Schritte entfernt. Hinter dem vierten Fenster von links im dritten Stock wohnte meine Freundin. Es kam mir vor, als hätten sich heute alle verschanzt. Nur ich kauerte hier draußen in einem Busch und ließ mich von den Moskitos zerstechen. Es war zwar ein wenig würdelos, das stimmt, aber gleichzeitig fühlte ich mich fast wie ein Held.

Vorsichtig sah ich mich um, ob mich jemand gesehen

hatte, vielleicht sogar schon die ganze Zeit beobachtet. Aber da war keiner. Jetzt fiel es mir auf: Das beständige Rauschen der drei Blocks entfernten Hauptverkehrsstraße war weg. Wie ausgeknipst. Fuhr keiner mehr? Wenn ja, warum nicht? Oder hatte nur der Wind gedreht? Vielleicht war ich auch taub geworden vor Aufregung? Ich … BING!

Das verdammte Handy – wie hatte ich vergessen können, es auf lautlos zu schalten! Das konnte dein Verderben sein, Mann! Eine neue Nachricht von Yara! Ich wollte sie eigentlich sofort lesen, wollte wissen, ob es ihr gut ging. Aber es war zu riskant. Mit zitternden Fingern strich ich über den Bildschirm, um die Einstellung zu ändern, da hörte ich Schritte. Behutsame Schritte, die langsam näher kamen. Scheiße, scheiße, scheiße! Es war dunkel, es war still, und mein Smartphone strahlte wie ein verdammter Leuchtturm! Ich wollte es in die Hosentasche stecken, aber es fiel mir runter ins Laub. Es raschelte unerträglich laut – der Verursacher der Schritte konnte das gar nicht überhört haben. Das Telefon landete mit dem Bildschirm nach oben und beleuchtete grell die Nacht. Was sollte ich jetzt machen?

Tausend Filmszenen gingen mir durch den Kopf. In der ersten (Hitchcock) stellt sich kurze Zeit später heraus, dass es irgendein für die Handlung unwichtiger Passant ist, der sich da näherte. Die ganze Panik also umsonst. Aber in der 999sten (Mission Impossible) findet der Held, Ethan Hunt, sofort eine wahnsinnig clevere Lösung, um selbst wie der zufällige Flaneur zu erscheinen. Ja, Mann! Ich sagte laut: »Ach, da ist es ja!«, hob das Telefon auf und trat wie selbstverständlich aus dem Gestrüpp. Ich konnte immer noch kein Gesicht erkennen. War *er* es? Wohin jetzt? Ich musste verdammt noch mal fliehen! Er war es, ich glaube, er war es. War er es?

Verflucht, Leute, ich sag euch eins: Wenn du in ein syrisches Mädchen verknallt bist und noch nicht um ihre Hand angehalten hast – unternimm alles, um für ihren Vater unsichtbar zu bleiben. Syrische Väter von schönen Töchtern sind echt unheimlich. Wenn sie dich finden, machen sie dich zur Schnecke. Als Pärchen zusammen gesehen werden? Geht gar nicht. Deshalb setzt du dich in einen Busch, lässt dich von Mücken zerstechen, während du hoffst und davon träumst, dass deine Angebetete bald aus dem Haus kommt, auf einen scheuen Kuss oder fünf Minuten Zweisamkeit. In die kalte Realität wirst du zurückgeholt, wenn du zum Beispiel in einer solchen Situation steckst wie ich gerade.

Intuitiv versucht man natürlich, einfach die Beine in die Hand zu nehmen. Feige? Vielleicht, aber nenn mir eine Alternative! Weinen? Schreien? Kämpfen? Auf den ersten Schritten deines Fluchtwegs kannst du, nein: musst du improvisieren! Da! Das Nachbarhaus! Der Typ läuft in deine Richtung, verdammt!

Okay, okay, okay – ruhig jetzt: Dein Verfolger *ahnt* ja nur, wer du sein könntest. Absolute Gewissheit hat er nicht. Du bist wie ein Schläfer, der für den gegnerischen Geheimdienst ein unbeschriebenes Blatt ist. »Hey, wer ist der Typ? Gesichtserkennung starten!« – »Keine Treffer, Boss! Das scheint 'n ganz normaler Schüler zu sein. Der ist noch nicht mal bei Rot über die Ampel gegangen!« – »Beobachten!«

Du hast eine Idee: Tu einfach so, als wohntest du hier! Ja, genau! Schlüssel verloren, das passt doch! Du klingelst unten links, wartest. Keine Reaktion. Aus dem Augenwinkel siehst du, wie der Vater einen Schritt in deine Richtung macht. Mist – nächste Klingel: »Wer ist da?« Du sagst, was immer zieht: »Ich bin's!« und wartest auf das erlösende Summen des Türschlosses. Stattdessen kommt die Rückfrage: »Wer ich?« Du hast keine Zeit zu verlieren, also klingelst du einfach oben rechts Sturm. »Ja?« – »Lass mich rein, ich hab Durst!« Also, wenn das nicht funktioniert, weiß ich auch nicht. »Was willst du, was ist los?« – »Sag ich dir gleich, lass mich erst mal rein! Ich find' meine Schlüssel nicht.«

Um die Geschichte abzukürzen: Irgendwie ließ mich jemand ins Haus, und der Vater war beruhigt. Wie oft mir das in Syrien passiert ist, wie viele Stunden ich auf meine Freundin gewartet habe, wir uns per WhatsApp, nur ein paar Meter voneinander entfernt, unterhalten haben, wie oft wir uns gemeinsam versteckt haben – welchen Aufwand wir für unser Zusammensein betreiben mussten! »Gefährliche Liebschaften« mal anders, sozusagen.

## Miteinander gehen auf Deutsch

Wie ihr vielleicht wisst, war ich schon länger mit Marie zusammen, eine wunderbare Frau. Wir »gingen miteinander«, so sagt man ja hier. In Syrien müsste man eher davon sprechen, dass man miteinander rennt.

Nun, ich hatte mir nie wirklich Gedanken darüber gemacht, dass meine deutsche Freundin ja auch noch Anhang hat. Das heißt, natürlich wusste ich es, aber die Familie lebte woanders, weiter weg, und das war's. Dachte ich.

Eltern bedeuteten schon früher einfach nur Stress. Für

meine zum Beispiel war meine Freundin immer an allem schuld: »Abdul, was soll das? Kein 1,0-Abitur? Yara hat einen schlechten Einfluss auf dich!«, »Abdul, du bist krank? Das ist doch nur wegen Yara!«, »Warum bist du so hungrig? Ist das wegen Yara?« usw.

Wenn dich also deine Mutter fragt: »Und, hast du jemanden?«, kann deine Antwort nur lauten: »Ach was, Mama, du bist doch die Einzige in meinem Leben.« So kann man das Drama vielleicht noch abwenden.

»Meine Eltern haben dich zu Ostern eingeladen. Sie wollen dich kennenlernen«, sagte Marie eines Tages zu mir.

Hätte sie mir das am Telefon oder per WhatsApp mitgeteilt, wäre meine nächste Frage gewesen, wie lange wir wohl untertauchen müssten. Aber so, wie sie da neben mir stand … Sie sah echt glücklich aus. War das also eine gute Nachricht?

»Meine Mutter freut sich schon total auf dich, Papa auch, ach alle, auch meine Brüder, die wollen dich endlich mal kennenlernen.«

Liebe syrische Freunde: Was kommt gleich nach dem Vater der Freundin? Genau: die Brüder. Und sie hatte drei davon. Drei!

Abermals gingen mir tausend Filmszenen durch den Kopf. In der ersten (Schwarzenegger) stellt sich heraus, dass der Vater als Agent für die Schurken tätig ist und alles daransetzt, dich zu destroyen. Nicht aus ideologischen Gründen, nein, einfach nur, weil er findet, dass du es nicht verdient hast, seine Tochter zu bekommen. In der 999sten (Mission Impossible XXII) bemerkt der Held, Ethan Hunt, nur durch einen glücklichen Zufall, dass die vermeintlichen Eltern (und somit auch seine Freundin) von vorn bis hinten erfunden sind, um ihn in eine Falle zu locken. Er kann in letzter Sekunde entkommen, jedoch muss er dazu das Haus mitsamt Bewohnern in die Luft jagen. Doch ich… hatte meinen Sprengstoff vergessen (kein Grund, jetzt die Polizei anzurufen, okay?).

Die Szenarien in meinem Kopf waren plötzlich schlimmer als alle syrischen Väter, denen ich niemals über den Weg gelaufen war.

Mein Gesichtsausdruck und vermutlich auch meine Gesichtsfarbe müssen Marie so absurd erschienen sein, dass sie einfach anfing zu lachen. Ich verstand die Welt nicht mehr.

Eines Tages also, mir war das arrangierte Treffen immer noch suspekt, waren wir auf der Hinfahrt, und in meinem Kopf überschlugen sich neue Fragen: Worüber werden wir sprechen? Wird es ums Heiraten gehen? Wird es darum gehen, wie wir unsere Kinder erziehen werden? Wird meine Pferdemaske zur Sprache kommen? Oder was ich ihrer Tochter zu bieten hätte? Warum »zu Ostern«? Werden wir über Ostern reden?

Über das Osterfest wusste ich nämlich nur Folgendes: Erwachsene Menschen versteckten bunte Eier (meistens biofreilaufend und solche aus Schokolade) und erzählten den Kindern, das wäre ein Hase gewesen. Als christliches Fest geht es hierbei natürlich um Jesus Christus. Aber die Bibelgeschichte kommt ohne Hasen aus, vielleicht mochte Jesus gerne Eier? Oder hatte Spaß, in einem Hasenkostüm auf Partys zu gehen – fragt mich nicht. Und nicht falsch verstehen bitte! Ich machte mir beinahe in die Hosen, je näher wir Maries Heimatort kamen, und beschloss, den besten Eindruck zu machen, den je ein Freund auf sie gemacht hatte.

Dazu gehört: immer lächeln, Blick geradeaus und ein richtig fester Händedruck. Das prägte ich mir noch mal ein, als die Tür sich schon öffnete: Mutter und Vater. »Hallo, guten Tag.« Auf den ersten Blick harmlos. Auf den ersten. Und dann ... Kurze Lagebeschreibung: Vor mir standen Maries Brüder. Alle. Drei mal zwei Meter Bruder. Aus Syrien war ich es mit meinen 1,89 Metern gewöhnt, dass meine gleichaltrigen Freunde als meine kleinen Geschwister durchgingen. Mein halbes Leben schon schaute ich nach unten, wenn ich mit jemandem sprach. Diesmal lächelte ich nach oben, und alle drei lächelten nach unten zurück.

Was sagt der Freund der Tochter jetzt? Was redet er mit der Familie der Freundin? Ich glaube, er wartet, bis er was gefragt wird. Und bis dahin lächelt er. Check.

Ich schindete Zeit, indem ich meinen Stuhl zurechtrückte. Kann es sein, dass Deutsche irgendwie anders gerade sitzen? Siedend heiß fiel mir ein, dass ich vergessen hatte, Marie zu fragen, ob ich »Du« oder »Sie« sagen sollte. Das fand ich mit das Schwierigste im Deutschkurs: Wann duzt man, wann siezt man? Einmal ging ich nach der Deutschstunde zu Freunden, und die WG-Katze stand vor ihrem Napf. Ich fragte sie höflich: »Möchten Sie noch etwas zu essen? Ein bisschen etwas vielleicht? Kommen Sie zu mir, es ist sehr gut.«

Ich rettete mich in meine Lieblingskonjugation aus dem Deutschkurs! Ach Passiv, ich liebe dich! »Oh, das ist lecker. Das Essen wurde sehr gut gemacht. Wie wurde das Essen denn gemacht?«, fragte ich die Mutter.

»Oh, studieren. Ich respektiere Menschen, die studieren so sehr«, sagte ich zum Bruder. Mir polterten die Wörter schneller heraus, als mein Herz schlug, schneller, als mein Gegenüber antworten konnte. »Ach, Köln. Eine super Stadt!«

»Maschinenbau! Ich wollte das immer studieren.«

Den Vater, frag den Vater was, du musst ihn auch was fragen! »Wie wird bei der Bank gearbeitet? Und wie wird mit dem Chef gearbeitet?« Es wurde still. Ich betonte deutlicher: »Und wie wird mit dem Chef gearbeitet?«

»Wie, wie meinst du das?«, fragte Maries Vater.

Oh Mann, ich sprach wirklich mit dem Vater meiner Freundin! Wir saßen hier mit geraden Rücken zusammen an einem Tisch, unterhielten uns, und ab und an wurde ich gefragt, ob ich noch ein »Stückchen« hiervon oder davon essen möchte.

Notiz am Rande: Ja. Ich will immer noch ein Stückchen essen. Auch gerne noch ein zweites und drittes. Du musst wissen, in Syrien gleicht der Esstisch einem Schlachtfeld. Als Gastgeber greift man praktisch in die Frontlinie rein, und alles, was man zu fassen bekommt, stopft man seinem Gast auf den Teller … und wenn der Gast dann satt ist, geht's für ihn weiter mit Essen. Keine Ausreden. Als Gast bist du ständig dabei, »Nein« zu sagen, »Nein, es hat ganz wunderbar geschmeckt, aber wirklich, ich bin so satt!«, »Ehrlich, so gut habe ich noch nie gegessen, aber es geht einfach nichts mehr rein. Es ist so schade, aber es geht nicht.« In diesen Momenten hatte ich manchmal den Eindruck, in Syrien bedeuten »Ja« und »Nein« genau dasselbe. Es gibt nur drei Möglichkeiten, ein syrisches Gastmahl wieder zu verlassen:

a) im Rettungswagen, b) tot oder c) deine Familie gibt eine Vermisstenanzeige bei der Polizei auf. Die stürmt dann die Wohnung und sieht sich folgendem Bild gegenüber: Du sitzt an einem Tisch, während die Gastgeber übermüdet, aber glücklich, ohne Pause Schüsseln und Teller aus der Küche ins Esszimmer tragen. Du murmelst immer nur »Wer hat das gekocht?«, und sie strahlen und strahlen.

Ich habe eine Theorie: Vielleicht waren alle sogenannten »Integrationsskeptiker« und »Fremdenfeinde« einmal bei Syrern zu Gast. Der Verdacht auf »Tötung durch Speisenfolge« ist ehrlich gesagt nicht ganz aus der Luft gegriffen. Passt also auf, Leute, wenn ihr eingeladen werdet!

Die deutsche Gastfreundschaft hingegen arbeitet mit den perfiden Mitteln der Stückchenkultur. Du musst dir das Sattwerden in langsamen kleinen Schritten erarbeiten, an einem Esstisch, mit geradem Rücken und leisen Gesprächen. Es geht darum, satt zu werden, ohne aufzufallen. Frag bloß nicht direkt nach einem Nachschlag! Lieber verwickelst du den ganzen Tisch in eine Diskussion, um in einem Moment der maximalen Ablenkung zuzugreifen. Fliegst du auf, lächelst du charmant die Hausdame an und sagst: »Mh! Es ist unglaublich lecker!« Wenn du Glück hast, bietet sie dir noch ein StückCHEN an!

Nur häppchenweise kam auch unsere Verständigung am Ostertisch voran. Maries Vater versuchte herauszubekommen, was ich wissen wollte – und ich, was er an meiner Frage nicht verstand. »Ist der Chef netter Mann?«

Marie gab mir einen kurzen Tritt gegens Bein. »Mein Vater *ist* der Chef«, flüsterte sie mir zu. Kein Problem,

Leute, ich bin der witzige Syrer, ich haute einen Hammerwitz raus: »Was fliegt und macht ›miau‹?« Die fünf schauten mich an – und schauten mich an und aßen dann schweigend noch ein Stückchen. Ich platzte heraus: »Eine Taube, die eine Katze sein möchte!« Keiner lachte, egal. Man musste einfach nur viel fragen, sehr, sehr nett sein, viel loben und gute Witze machen, erinnerte ich mich. »Was kann das denn für einen Grund haben, dass die Taube eine Katze sein will?« Ich lachte, verlegen, erneut – ich wünschte, Maries Familie würde auch über den Witz lachen können, aber keine Chance. »Kennt man hier vielleicht eine Taube, die eine Katze sein will? Ich nicht – aber ich kenne eine Katze, die eine Taube sein will.« Ich lachte mich kaputt. Meine Freundin war still geworden. Meine Blicke erwiderte sie, konnte sie sie nicht lesen? ›Bitte, bitte, lach doch wenigstens du mit mir‹, bettelten meine Augen. Aber in ihren Augen blitzte jetzt nichts, so wie sonst, wenn sie vergnügt war. »Abdul, dein Ernst? Katze? Taube?« Es dauerte noch eine Weile, da legte sie ihre Hand auf meinen Arm und sagte: »Jetzt duz meine Eltern doch endlich!« Ich war erleichtert. Kapiert. Eltern der Freundin duzen, Katzen duzen, und ja, ich nehme noch ein Stückchen, danke.

Erst als Marie und ich am Ende des Tages aus dem Haus traten, ich mich noch mal umdrehte und die freundlich winkenden Eltern sah, war ich mir sicher: Man läuft vor dem deutschen Vater einer schönen Tochter nicht weg. Man geht zu ihm ins Haus, sitzt mit ihm an einem Tisch, macht schlechte Witze, redet über Tauben und Katzen, nimmt noch ein Stückchen und radebrecht sich komplett verspult durch den Nachmittag – und in die Herzen. Ja, sie wollten mich wiedersehen.

## Flirten, Flirten, Flirten und Liebeskummer

*Abdul.* In der Liebe ist es ja oft so, dass sich einer der beiden Beteiligten irgendwann einmal folgende Frage stellt: »Womit habe ich das verdient?« Das kann positiv gemeint sein, das kann negativ gemeint sein, das kann mit dem Unterton der Verzweiflung oder als gleichmütiger Seufzer geäußert sein. Ziemlich sicher aber taucht diese Frage erst nach Jahren, wenn nicht Jahrzehnten auf – also meist dann, wenn es sich eigentlich gar nicht mehr lohnt, über eine Scheidung nachzudenken.

Worauf ich hinauswill: Dass sich jemand bereits in der Flirt-Phase diese Frage stellt, also »womit er oder sie das verdient habe«, ist im weltweiten Vergleich äußerst rar. Nicht jedoch in einem Treffen zwischen einer/m Syrer(in) und einer/m Deutschen.

Der syrische Part fragt sich: »Warum reagiert mein Gegenüber so komisch?«, und der deutsche Part fragt sich: »Bin ich im falschen Film? Ich will doch nur wissen, ob er/sie mich mag und wenn ja, wie sehr.« Wenn ein solches Paar tatsächlich einmal heiratet, dann nur, weil beide mit ausreichend Humor gesegnet sind!

Gehen wir einmal von der Konstellation *Syrer (m) mit Deutscher (w)* aus. Der syrische Part ist durch lebenslange Beschallung mit syrischen Liebesliedern darauf gepolt, dass sich auf *Liebe* folgende Wörter reimen müssen: *Kum-*

Der blonde Allaa,
Syrien, 2001
(© Lamis Faham)

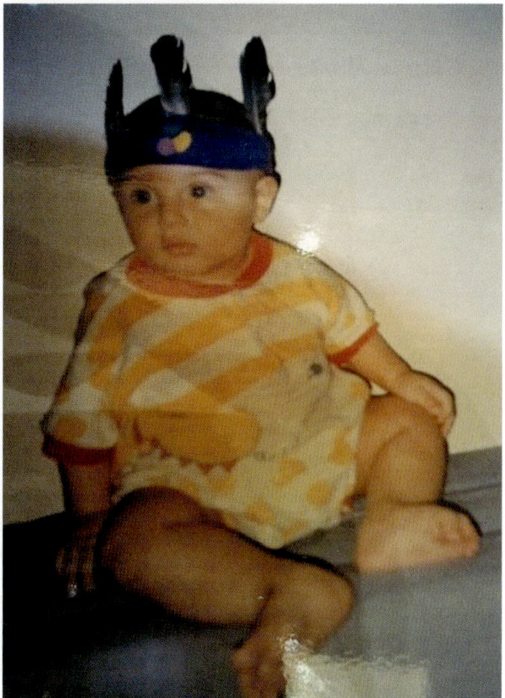

Abdul als Baby,
UAE, 1995
(© Rehab Handi)

Abdul in Ägypten, Kairo, 2013 (© Aya Abbasi)

Abdul in Istanbul, 2013 (© Abdul Abbasi)

Abdul das Pferd in der Bib der Uni Göttingen, 2016 (© Abdul Abbasi)

Allaa und Abdul mit Bundeskanzlerin Angela Merkel bei der Verleihung der Integrationsmedaille, Berlin, 2016 (© Carina Schmid)

Allaa und Abdul bei der Verleihung des DTN-Preises in Hannover, 2017 (© Allaa Faham)

Abdul in einem Workshop von LifeBack-Home in einer Bremer Schulklasse, 2017 (© Carina Schmid)

Abdul und Allaa auf der TEDx-Bühne in Münster, 2016 (© TEDx-Team in Münster)

Abdul mit dem deutschen Bundespräsidenten Frank-Walter Steinmeier an der Uni Göttingen, 2017 (© Hasan El-Arab)

Abdul und Kanzlerin Merkel bei der Verleihung der Integrationsmedaille 2016 in Berlin (© Carina Schmid)

Abdul und Allaa bei einem Auftritt in Düsseldorf 2016 (© Kulturzentrum Zaak)

Wie manche über Syrer denken

*mer, Leid, Warum, Verzweiflung* und zuletzt *Tod*. Reimt sich nicht? Aber nur auf Deutsch! In einer syrischen Schnulze begibt sich der Interpret in die Niederungen des Selbstmitleids und der Selbsterniedrigung, denn nur so – glaubt er – kann er das Herz seiner Angebeteten erobern.

Der deutsche Part hingegen geht dank seiner kulturellen Schlagersozialisation davon aus, dass mit Liebe schöne, aufregende Dinge assoziiert werden: Kribbeln, Funkeln, Licht. Flügel, Atem, Blicke. »Groß« und »wahr« und »alles« sind Wörter, die zwar nicht schön klingen und sich ebenfalls nicht reimen, deren Bedeutung aber jedes Liebeslied erst zu einem solchen macht. Zusammengefasst: Wenn er oder sie könnte, würden der und die Deutsche sich am liebsten jede Woche neu verlieben, weil das alles so aufregend und knutschi-knutschi-herzklopfmäßig ist.

Ungeübte binationale Paare in spe stehen dann oft vor einer Situation wie dieser – die Macht der Gewohnheit drängt sie zu Verhaltensweisen, die den anderen zur Verzweiflung bringen.

»Hallo, Sabine.«

»Rashid! Schön, dich zu … Was ist los? Um Gottes willen, hast du überhaupt geschlafen? Du siehst gar nicht gut aus.«

»Mir geht es auch nicht gut.«

»Du Armer! Bist du krank?«

»Du musst dich nicht um mich kümmern. Wenn ich sterbe, dann soll es eben so sein.«

»Sterben? Was ist passiert? Warum hast du nicht abgesagt?«

»Aber ich wollte dich doch sehen!«

»Moment, Moment, mal langsam zum Mitschreiben: Du

wolltest mich also sehen, obwohl es dir so schlecht geht? Oder, und das ist mein Verdacht, dir geht es schlecht, *weil* du mich sehen wolltest? Gefalle ich dir nicht mehr?«

Rashid sagt nichts.

Sabine rückt ein wenig auf Abstand. »Ist das so? Du willst mir sagen, dass die Knutscherei letzten Samstag gar nicht so gemeint war, ist es das?«

»Doch, war aber so gemeint.«

»Ja, was denn nun? Ich verstehe gar nichts mehr.«

»Ich leide. Ich bin verzweifelt.«

»Wie du das so sagst: verzweifelt, pff. Als wäre es ganz normal, auf einem Rendezvous zu leiden.«

»Ist es das denn nicht?«

Sabine reißt die Augen auf. »Nein, das ist es nicht!«

»Ach so. Entschuldige bitte, ich bin dumm. Ich habe dich nicht verdient.«

»Spinnst du? Ich gehe jetzt, und du kannst mich ja dann anrufen, wenn deine Phase vorbei ist, tschüss!«

Ich kann mir die Situation nicht länger mit anschauen, halte den Film in meinem Kopf an und schalte mich ein. Zuerst drücke ich Sabine zurück auf den Stuhl und sage: »Immer mit der Ruhe. Hier liegt ein Missverständnis vor!«

Sie versucht sich zu wehren und keift mich an: »Wer bist du? Was für ein Missverständnis? Lass mich in Ruhe, du Fuzzi!«

Ich muss lachen, was sie noch mehr auf die Palme bringt. Dann setze ich mich zu den beiden an den Tisch. »Erste Frage: Du magst ihn doch, oder?«

»Da bin ich mir nicht mehr so sicher.«

Rashid schluchzt theatralisch. Ich werfe ihm einen missbilligenden Blick zu, woraufhin er sofort die Klappe hält. »Rashid! Sabine ist ein deutsches Mädchen. Und du bist ein Trottel, ein weinerlicher Jammerlappen!«

»Ein Jammerlappen?« Er springt auf und packt mich am Kragen. Schweres, bedrohliches Atmen.

»Bravo, Rashid! Was machst du jetzt?«

Er überlegt kurz: »Ich hau dir eine rein?«

Ich schüttle den Kopf. »Wenn du das machst, hält sie dich für einen noch schlimmeren Idioten!«

Er stutzt. »Ja, aber …«

Ich flüstere: »Digger, du lässt mich jetzt los und gehst mit ihr hier raus. Sag ihr, dass sie dir echt gut gefällt und dass du in sie verliebt bist.«

Er haucht zurück: »Das kann ich doch nicht …«

Kurz bevor ich den Film wieder weiterlaufen lasse, flüstere ich noch: »Mach! Und dann halt einfach die Klappe!« Cut – ich bin raus!

## Sagst du Ja zu Deutschland, sagst du Ja zum Haustier

*Abdul.* Da war ich nun also mit einem deutschen Mädchen zusammen und machte Sachen mit, die deutsche Mädchen gerne mit ihren Freunden tun. Zum Beispiel Spazierengehen. Oder Fahrradfahren durch öffentliche Grünanlagen, in denen auch Hunde rumlaufen! Sagt, mal, könnte es sein, dass deutsche Haustiere voll integriert sind? Dass vor allem für Hunde so richtige Integrationsprogramme aufgestellt werden? Welpenschule, Hundetraining in Gruppen, Einzelstunden und in verschiedenen Schwierigkeitsstufen, Friseur, Agility (so was wie Eltern-Kind-Turnen für Hund und Mensch), Dogdancing (!), spezielles Hundefutter für Welpen, für Allergiker (Kängurufleisch!), für Übergewichtige, Rollstühle für Hunde und auch Hightech-Prothesen, Regenmäntel – ich denke, alles, was es für Menschen gibt, gibt es auch für Hunde. Im Weltall waren sie auch schon. Es ist nur eine Frage der Zeit, bis die Menschen sie so weit integriert haben, dass der erste Hund seinen Autoführerschein für ein Hundeauto macht. Mit Hybridantrieb.

Vielleicht war es eine typische Phase meiner Integration (so, wie man plötzlich auf Deutsch träumt), eines Nachmittags kam ich in einen Statistikrausch – und klickte mich durch Zahlen und Graphen. Die Deutschen erfassen ja alles in Zahlen, Prozenten und Tendenzen (es gibt Statistiken für alles, selbst solche, die sich mit Statistiken beschäftigen, kein Scheiß). 64% der Tierbesitzer schenken ihrem Haustier etwas zu Weihnachten, 14% telefonieren aus dem Urlaub mit ihrem Hund, 6% schreiben ihrem Tier eine Postkarte.[8] Rund 4,5 Milliarden Euro geben die Deutschen pro Jahr für ihre Haustiere aus.

Wenn man in Syrien einen Hund hält, dann als Beschützer für Mensch und Hof, diese Hunde sind scharf, sie sollen beißen – und jeder soll Angst vor ihnen haben. In Deutschland hält man einen Hund vor allem zum Kuscheln und um als Stadtmensch regelmäßig das Haus verlassen zu müssen.

Anfangs in Deutschland hatte ich vor der deutschen

---

8 Gesehen auf 3 Sat: Wissen aktuell: Wa(h)re Tierliebe.

Hundeversion einfach nur Angst. Woher sollte ich wissen, dass diese Hunde nicht als tierische Bodyguards mitgeführt werden, sondern den glamourösen Job des Feel-Good-Managers für Herrchen und Frauchen übernommen haben? Ich wusste nur, dass manche Menschen eine Feel-Bad-Stimmung ereilt, schon allein wenn sie ein Hund ansieht, anspringt, anbellt – oder anbeißt! Doch zum Glück für mich scheinen die meisten Hunde hierzulande an anderem mehr interessiert als an Menschenbeinen, an Socken zum Beispiel. Einmal las ich von einem Hund, der wegen seiner Bauchschmerzen geröntgt wurde: Er hatte rund sechzig Socken verschlungen. Wie Hackfleischbällchen.

Solchen Blödsinn können sich nur Stadthunde erlauben, haben sie schließlich ihren menschlichen Bodyguard immer an ihrer Seite, und der scheint oft auch nicht so wirklich zu wissen, wie es richtig geht. In Deutschland sind die Rollen von Beschützer und Beschütztem manchmal einfach vertauscht, crazy! Ein vertrautes Bild auf dem Radweg: vorneweg ein Radfahrer, verfolgt von einem laut bellenden Hund, der wiederum vom laut schreienden Herrchen oder Frauchen verfolgt wird. Radfahrer und Hundebesitzer streiten sich dann, und der Hund stiehlt währenddessen Würste aus fremden Einkaufstaschen. Süß.

Doch kaum ist Sommer und zieht es die Menschen in den sonnigen Süden, sehen wir die Schattenseite der deutschen vermeintlichen Tierliebe. Zu Beginn der großen Sommerferien in Deutschland werden rund 70 000 Haustiere ausgesetzt. Und pro Jahr schätzungsweise 500 000 insgesamt. Auf die Ferien verzichten wegen des Haustiers? Hunderttausende Haushalte haben da leider klare Präferenzen.

Goodbye Deutschland, goodbye Haustier. Obwohl so viele Tiere ausgesetzt werden, sieht man in Deutschland keinen einzigen Straßenhund. In Syrien gab es vor dem Krieg viele Straßenhunde, aber keine Menschen, die auf der Straße lebten. Es war neu für uns Syrer, hier in Deutschland Obdachlose zu sehen, aber keinen einzigen herren- und wohnungslosen Hund.[9] Kein Wunder, wenn pro Jahr rund 300 000 Deutsche einen neuen Hund aufnehmen! Und wusstet ihr, dass es im Jahr 2016 etwa 335 000 Obdachlose[10] gab?

Die Liebe der Deutschen zum Tier ist aus vielen Perspektiven eine besondere. Wie wäre es also, wenn die Hundeliebhaber einen Obdachlosen aufnehmen würden? Sie könnten ihn aus dem Urlaub anrufen, ihm etwas zu Weihnachten schenken und Postkarten schreiben. Und der Ex-Obdachlose könnte solange auf das Haustier aufpassen.

---

9 Eine ganz eigene und ernste Thematik ist die Frage, warum so viele Obdachlose auf den Straßen leben müssen, wenn die Möglichkeiten, Unterkünfte zu schaffen, doch anscheinend gegeben sind, wie man an der Flüchtlingshilfe der Deutschen sehen konnte. Siehe hierzu auch: http://www.tagesspiegel.de/berlin/wie-fluechtlinge-berlin-sehen-berlin-vergisst-die-obdachlosen/14692058.html

10 Zahl von der Bundesregierung ausgegeben. http://www.deutschlandfunk.de/sozialstatistik-immer-mehr-obdachlose-in-deutschland.1818.de.html?dram:article_id=373118

# Gastfreundschaft

## Geldgeschenke

*Allaa.* Wenn ich zu Geld käme, so dachte ich mir als Kind, würde ich meine Freunde zum Eis einladen oder ein neues Computerspiel kaufen, damit wir zu Hause gegeneinander zocken könnten! Wir wären endlich nicht mehr auf die Gnade des Game-Laden-Besitzers angewiesen, der uns zwei Mal in der Woche seine LAN-Infrastruktur nutzen ließ (wir zockten von Schulschluss bis zum Abendessen) und zwei Mal die Woche rausschmiss, sobald wir den Laden nur betreten hatten. Würde einer von uns was kaufen, dann sähe die Sache ganz anders aus, aber es hatte ja keiner Geld.

Obwohl, genau genommen hatten wir Geld, wir müssten sogar im Geld schwimmen, in Tausenden von Liranoten, wie Dagobert Duck. Doch der Reichtum war nicht greifbar. Die Kohle war zwar da, aber eben nicht bei uns. Wie konnte das sein? Der Schlüssel liegt im arabischen Kinder-Geldgeschenke-System: ein ausgeglichener, in sich geschlossener Kreislauf, dessen angeblicher Mittelpunkt wir Kinder waren, und der uns dann doch nur als Tangente streifte.

Während Cousins und Cousinen mit lautem Geschrei um dich herumtollten, nahm dich ein Onkel, ein Opa oder irgendein anderer Verwandter kurz zur Seite und steckte dir einen Schein zu: »Hier, kauf dir etwas Schönes, Habibi!« Während du noch fasziniert die glatte baumwolldurchwirkte Oberfläche der Banknote untersuchtest, beugten sich schon Mutter oder Vater zu dir hinunter und sagten: »Gib mal her, ich verwahre das für dich.« Schon war der Schein wieder weg, und daran würdest du dich nie gewöhnen.

Manchmal hattest du noch Zeit auszurechnen, wofür das Geld reichen würde, du hattest schließlich konkrete Zahlen im Kopf. Dann tat der Verlust besonders weh. Meinen ersten Schein bekam ich mit irgendwas zwischen vier und sieben geschenkt (und wieder abgenommen). Einen Tausend-Lira-Schein[11], ich war entzückt, denn ich hatte »tausend« (!) geschenkt bekommen! Es würde mindestens bis spätabends dauern, wollte ich diesen undenkbaren Betrag in Einerschritten abzählen. Aber noch vor Einbruch der Dunkelheit war das Geld längst wieder perdu.

Ü-8-Jährigen werden dann schon zweitausend Lira zugesteckt, sie sind ja keine Kinder mehr, haben anspruchsvollere Wünsche. Und mit 15 oder, je nach hormonell bedingter Unzurechnungsfähigkeit erst mit 17, bekommt man auch mal einen Zehntausend-Lira-Schein präsentiert – übrigens der Grund, weshalb ich es nicht erwarten konnte, älter und erwachsener zu werden. »Zehntausend«, was an der Hand abgezählt tagelang dauern würde! Eine erklecklich hohe Summe, die das Verhalten der Eltern – nicht nur meiner – kleinkriminell und auf ungute Weise autoritär erscheinen ließ, auch wenn sie das natürlich ganz anders sahen. Als Be-

11 Circa 17 bis 18 Euro, vor dem Krieg! (Heute wären es vier Euro.)

gründung diente, dass man als Kind ja nicht richtig drauf aufpassen könne, den Schein verlieren würde, komplett sinnlose Impulskäufe tätigen würde undsoweiter.

Moment mal, ausgerechnet meine Eltern wollten mir was über Impulskäufe erzählen? Ihr sinnlosester Impulskauf ever? Ich sage nur: Seidenkrawatte im Gegenwert eines BMX-Vorderreifens! Weiter: Hausschuhe aus silbernem Leder; 500g französischer Weichkäse; Kiwis; eine dünne Wolldecke (ein »Plaid«, wie meine Mutter fortan betonte), die weder wärmte noch abkühlte; und ein Gemälde eines angeblich aufstrebenden örtlichen Kunstmalers aus der Nachbarschaft, das als Geldanlage sofort in der untersten Schublade der Schlafzimmerkommode verwahrt wurde und dessen prognostizierte Wertsteigerung mir irgendwann einmal mein Pharmaziestudium sichern sollte. Als klar war, dass ich weder Pharmazie studieren würde noch dass das Bild auch nur einen Cent wert war, stellten es meine Eltern zum Sperrmüll.

## Dreimal Nein heißt einmal Ja

*Abdul.* Wisst ihr, über welches Wort ich beim Schreiben dieses Kapitels gestolpert bin? »Etikette«. Ich wollte doch nur über die unterschiedlichen Auslegungen von »Höflichkeit« recherchieren, und dann fand ich dieses Wort. Verwirrt saß ich da und dachte: Hä, kleben die Deutschen – ich meine natürlich nicht im Freundeskreis, sondern bei einem offiziellen Essen, also bei der Bundeskanzlerin, dem Migrationsbeauftragten oder den Schwiegereltern –, kleben sie beim Essen überall kleine Etiketten hin, was wer wann berühren, sagen und tun darf beziehungsweise soll? Meine Fantasie ging mit mir durch, das war mir schon bewusst, aber der Gedanke an ein auf meinen Stuhl geklebtes Etikett ›*Merkel fängt an zu essen, dann der Kanzleramtschef, dann erst dürfen Sie*‹ war einfach zu witzig; unten auf der Serviette: ›*Nicken Sie von Zeit zu Zeit Ihren Tischnachbarn zu*‹. Oder ein Klebeschildchen auf dem Löffelstiel in der Beilagenschüssel: ›*Kartoffeln NIE (!!!) schneiden, Rest egal*‹.

Während die Deutschen ihren Knigge haben, der solche Gelegenheiten von A(nstand) bis Z(appeln) regelt, verlassen wir uns auf den sozialen Verhaltenskanon, der allen kleinen Syrern in die Wiege gelegt wird.

Das Erlernen der sozialen Fähigkeiten, die einen in syrischen Familien und Freundeskreisen nicht verhungern lassen, dauert Jahre und ist von herben Rückschlägen geprägt, Stichwort ›Leidensdruck‹. Doch irgendwann ist jeder junge Syrer und jede junge Syrerin imstande, folgende Szene so abzuliefern.

Ich komme nach Hause und packe meinen Rucksack aus. Darin: eine Tafel Schokolade zur Belohnung. Allaa sitzt am Computer, und ich würde gerne – natürlich – meine Schokolade mit ihm teilen, seine Lieblingssorte. Ich weiß, er *kann* nicht widerstehen! Also gehe ich rüber, wedle demonstrativ mit der Tafel und frage, während ich sie mit einem gekonnten Knack öffne: »Hey, Allaa, möchtest du ein Stück Schokolade? Nugat!«

Allaa muss nun abwehrend die Hände nach vorn strecken und sagen: »Oh, nein danke, ich habe gerade erst gegessen, bin total satt.«

Ich wiederum stecke mir nun das erste Stück in den Mund, kaue genüsslich und sage: »Mmmh, probier mal, Allaa, ich glaube, das ist die beste Nugatschokolade, die ich je gegessen habe!«

Allaa muss dann den Kopf schütteln. »Ich bin mir nicht sicher, aber es kann sein, dass ich eine Nussintoleranz habe. Das möchte ich jetzt nicht riskieren.«

Ich lege ihm nun die Packung auf die Tastatur und reiße zur Sicherheit das Papier noch ein paar Zentimeter weiter auf.

»Abdul, das ist wirklich sehr nett, aber ich fange doch morgen meine Diät an, und da ist speziell Schokolade strengstens verboten, weißt du?«

»Ja, aber morgen ist morgen, und heute ist heute. *Ein* Stück, nur ein einziges!«

Allaa muss nun die Tafel in die Hand nehmen und versuchen, sie mir zum Beispiel in die Brusttasche meines Hemds zu stecken. Was ich natürlich abwehre, sowohl physisch als auch verbal: »Allaa, du *kannst* probieren. Gerne sogar!«

Es kommt zu einem kleinen Gerangel, in dem sehr wahrscheinlich folgende Sätze fallen:

»Abdul, nein, ich … ich habe vorhin einen Döner XL gegessen, es geht echt nix mehr rein, glaub mir!«

»Aber du hattest noch keinen Nachtisch. Du *musst* Nachtisch essen nach einem Döner.«

»Aber heute eben nicht. Ich arbeite an meinem Sixpack!«

»Allaa! Doch! Du magst diese Schokolade!«

»Abdul! Nein!«

In der Zwischenzeit ist der untere Teil, an dem ich die Tafel in der Hand halte, schon weich angeschmolzen, und ich habe Schwierigkeiten, sie nicht fallen zu lassen. Am besten lege ich sie vorsichtig auf den Schreibtisch. In so einem Moment, in dem die weiße Flagge schon aus ihrer Hülle spitzelt, muss mein Gegner nun ein paar Sekunden warten, bevor er sich endlich einen Riegel abbricht und sagt: »Wäre ja schade drum.«

Ich nicke aufmunternd, woraufhin er sagt: »Oh Mann, ist das lecker!«

Gemeinsam machen wir uns dann über die Schokolade her und grinsen uns mit verschmierten Mündern an. »Mmmmh!«

Nein sagen, auch wenn wir Ja meinen – das ist höflich. Und gerade wenn wir Jajaja meinen (so wie Allaa, wenn es Schokolade gibt), müssen wir unser Nein besonders oft und vehement wiederholen. Das signalisiert unserem Gegenüber unmissverständlich den Grad der Gier beziehungsweise der Verzweiflung.

Marie meint, sie verstehe die psychologische Motivation dahinter nicht. Entweder will man etwas, das einem in freundlicher Absicht angeboten wird, und dann akzeptiert man; oder man will nicht, aus welchem Grund auch immer, dann verneint man, und das Gegenüber kann sich seinen Reim drauf machen. Das sei respektvoll. Sie würde unser Verhalten möglicherweise als »invertierte kognitive Dissonanz« bezeichnen, aber in diesem Punkt verstehe ich sie wiederum nicht.

Abschließend zum Vergleich die gleiche Szene mit meinem Freund Jan.

Ich gehe rüber, wedle demonstrativ mit der lilafarben verpackten Tafel und frage, während ich sie mit einem gekonnten Knack öffne: »Hey, Jan, möchtest du ein Stück Schokolade? Nugat!«

Er steht vom Schreibtisch auf, knickt zwei Reihen[12] ab und sagt: »Oh, super, ich stehe total auf Nugatschokolade. Danke!«

## Ein höflicher Traum

*Abdul.* Draußen war wieder Wetter. Ich hatte keine Energie mehr, mich um die GLS-Sachen zu kümmern, wie wir es eigentlich vorgehabt hatten, Allaa ging es genauso. Er hatte, wie meistens, Bock, sich ein Fußballspiel anzuschauen. Wie es das Schicksal so wollte, lief just an diesem Abend Champions League. Man kann mich ja normalerweise relativ leicht mitreißen – Allaa fieberte mit und kommentierte jeden Spielzug mit der Vereinsgeschichte des Spielers, seiner Schuhgröße und seinem bevorzugten After Shave –, aber an diesem Abend dämmerte ich langsam weg, während in der Halbzeitpause Olli Kahn als Experte am Spielfeldrand seine Einschätzung des bisherigen und des weiteren Spielverlaufs gab.

*Der* Olli Kahn, für Allaa der Archetyp des deutschen Fußballers! Der blonde Durchbeißer! Der Titan, der unüberwindliche, adleräugige Strafstoßkiller, der keinen Spaß ver-

12 Das entspricht 8 Stücken, in Worten: acht!!

stand. Sein Blick, habe ich mir sagen lassen, dringt direkt in den präfrontalen Kortex des gegnerischen Schützen, das macht ihn sozusagen zum Chuck Norris des Rasensports. Nicht der Schütze entscheidet, wo der Ball hingehen soll, nein: Olli Kahn entscheidet.

Allaa hatte mir diesen Blödsinn eingeflüstert, der mich bis in meinen Traum verfolgte. Ich träumte, wie sich Olli Kahn, als Stargast eines unserer Matches im Migrationszentrum, nach getaner Arbeit an den Grill stellt und monströse Fleischstücke und kilometerlange Ketten von Würsten auf den Rost legt, mit bloßen Händen das Grillgut wendet und ab und zu einen gutturalen Laut von sich gibt, der den Essern mitteilen soll, dass die nächste »Fuhre« abholbereit ist.

Olli Kahn: »Nnnnngjjjaaah! Männa! Hier wärn zeeehn Bratwörste fertik!«

Ich rufe über die Tische: »Bratwürste irgendjemand? Ist Schwein, nur zur Info!« Keiner hebt die Hand, außer das rein deutsche Mittelfeld von Mannschaft »Rot«.

»Es gibt dann später auch noch Lamm und Rind, falls …«

Das Gesicht von Mustafa, der im gleichen Haus wohnt wie ich, spricht laut und deutlich Bände: ›Woah, ich hab so einen abartigen Kohldampf, ich will jetzt sofort so eine Wurst essen. Aber kann ich das bringen? Ich esse ja auch Parmaschinken und Currywurst, aber das wissen nur ein paar meiner engen Freunde. Besser, ich schaue mich mal vorsichtig um, wen es stören könnte, wenn ich Schwein esse. Aber – verdammt nochmal, bis ich das rausgefunden habe, sind die Würste weg. Oder kalt! Kalte Bratwurst schmeckt nicht.‹

Und dann sehe ich mich um und stelle fest, dass mir alle anderen Gesichter exakt die gleiche Frage stellen! Haram-Alarm! Von irgendwoher höre ich den bekannten Satz: »Hm, ja, danke. Aber ich habe gar keinen Hunger, ich, äh, bin auf Diät«, und alle schauen hungrig ihren Tischnachbarn an in der Hoffnung, dass er weiß, wie man mit so einer Situation umgeht. Ich hatte, um ehrlich zu sein, nichts anderes erwartet. Allein schon das Essen-Ablehnen-Spiel war einfach zu tief »in uns« drin, doch woher sollte der arme Olli das wissen? Bis ich ihm das erklärt hätte, wären die Würste kalt, also gebe ich ihm ein Zeichen, einfach weiterzumachen – woraufhin er sich eine Wurst quer in den Mund schiebt und schreit: »Grrrmmmmh!«, was so viel heißen soll wie: ›Schaut nur, wie lecker das schmeckt!‹ Die Deutschen nicken und laden Senf nach, und Mustafa, in seiner Heimat ebenfalls Torwart, springt mit weit aufgerissenen Augen von seiner Bank auf: »Gnnnaaahhhhh!«

Olli packt eine Viererkette Bratwürste und wirft sie quer über alle Tische direkt hin zu Mustafa. Der fischt sie mit einer Hand aus der Luft, woraufhin alle applaudieren, und beißt die erste noch im gleichen Schwung ab. Um Kahn zu überraschen, wirft er ein Kaiser-Brötchen (immerhin einem Fußball nicht unähnlich) rüber zum Grill, das der Titan mit der Brust stoppt und auf der Fußspitze jongliert. Krasse Show, selbst in einem Traum! Alle klatschen. Die beiden Torhüter fixieren sich wie zwei Raubkatzen, die es auf dieselbe Beute abgesehen haben.

Jetzt nur nicht ablenken lassen! Mustafa versucht unter den Blicken seiner Mannschaftskollegen die restlichen drei Würstchen zu essen, wirft aber schon nach dem ersten Bissen wütend das Besteck hin: »Hey! Was ist los? Habt ihr ein Problem?«

Köpfe senken sich, und es wird getuschelt. Der Kapitän der gegnerischen Mannschaft, ein Sportarzt aus Damaskus, steht auf und setzt sich provozierend langsam neben ihn. Was wird das - ein Verhör? Ich überlege, ob ich einschreiten soll.

»Habibi? Schmeckt die Wurst denn gut?«

Wie meinte er das? Mustafa nickt: »Sie schmeckt sehr gut. Gewürzt mit Pfeffer, Knoblauch und etwas, das ich zwar nicht kenne, das aber sehr gut schmeckt.«

Der deutsche Libero ihm gegenüber, im Hauptberuf Metzger, meint: »Majoran.«

»Ah! Majoran! Gut.«

Kapitän Sportarzt lässt unseren Freund Mustafa allerdings nicht in Ruhe: »Ich glaube, hier herrscht ein Missverständnis, nicht wahr, Freunde?«

Grummelnde Zustimmung in der Runde. Im Traum kann ich hören, was die beiden sich nun zuflüstern - klar -, und das war Folgendes: »Habibi, keine Sorge. Uns geht's nicht um Schwein-oder-Nichtschwein. Wir haben einfach nur tierisch Hunger! Aber wir können das nicht so wie die Deutschen. Die gehen hin und holen sich was und finden das nicht mal unhöflich.«

»Ach so! Kein Problem, ich mach das!«, sagt Mustafa, steht auf und lässt einen kehligen, markerschütternden Schrei Richtung Olli los, woraufhin der, Chewbacca gleich, seine Arme gen Himmel ausbreitet und ...

Damit war der Traum zu Ende, Allaa musste den Fernseher ausgeschaltet haben und ins Bett gegangen sein, ich lag wohlig-zufrieden auf dem Sofa, ein bisschen so, als hätte ich zu oft an der Shisha gezogen. Diesen wattigen Zustand nahm ich am nächsten Tag mit ins Migrationszentrum, denn ich hatte Dienst. Ein bisschen Mithelfen hier und da, aber hauptsächlich Übersetzen und Vermitteln. Ich sah, wie ein Mitarbeiter des Migrationszentrums seinen Servierwagen am Tisch einer mir bisher unbekannten syrischen Flüchtlingsfamilie parkte: »Möchten Sie etwas Suppe? Oder ein Brot?«

Der Vater winkte sofort ab: »Oh, nein danke, wir haben gar keinen Hunger, aber das ist nett von Ihnen.« Seine Frau und die Kinder nickten. Der Mitarbeiter fuhr mit dem Servierwagen und dem Essen weg.

Und wen schauten die armen Leute fragend an? Na mich natürlich. Ich kannte das: Ohne Zweifel hatten sie seit Tagen, wenn nicht sogar Wochen, nichts Vernünftiges gegessen. Wahrscheinlich nur Toastbrot mit Rinderschinken und Käsescheiben aus der Packung. Und das jeden Tag.

Ohne ihr Ritual sind die Neuankömmlinge hilflos, aber was soll ich tun? Ich kann nur die deutschen Mitarbeiter immer wieder darauf hinweisen, dass sie halt ein wenig Geduld aufbringen müssen. Und den Syrern muss ich erklären, dass sie die Gelegenheit beim Schopf packen müssen. Sofort zuschlagen, das ist hier die Devise, das ist nicht unhöflich! Wenn sie nicht verstehen, was ich meine, erzähle ich ihnen, wie ich im Traum gegen Olli Kahn ein Tor geschossen hatte. Der Ball fiel mir vor die Füße, und ich hielt, ohne nachzudenken, drauf.

## Gastfreundschaft

*Allaa.* Wir Syrer lieben es, Gäste zu haben. Ich denke mal, die Deutschen auch, und das Gleiche gilt wahrscheinlich für jedes Volk auf der Welt und im Besonderen für Oasenbewohner oder Aussteiger im australischen Outback, die monatelang mit keiner Menschenseele gesprochen, gegessen, getrunken und gefeiert haben. Um den Gästen angemessen zu zeigen, wie sehr man ihre Gesellschaft schätzt, muss es an einem solchen Tag auch besonders gutes Essen geben. Und besonders viel Essen. Und besonders raue Mengen von viel gutem Essen. So viel, dass die anfängliche Freude sehr schnell in Leistungsdruck umschlägt.

»Lina, wie viele werden wir sein? Haben wir genug Teller? Letztes Mal hat doch der Sohn von Rabia zwei zerschmissen, wenn ich mich recht erinnere.«

»Ja natürlich, Karim, du hast doch danach gleich sechs neue gekauft. Außerdem sind wir zu elft und haben achtzehn Teller. Was du dir immer für Sorgen machst, Liebling.«

»Auch Dessertteller?«

»Davon haben wir zwanzig, mein Schatz. Gib mir mal einen Kuss.«

Lina und Karim küssen sich auf die Lippen.

»Göttergatte, kannst du dich erinnern, was Tante Samira letztes Mal so gut geschmeckt hat?«

»Gut geschmeckt? Ich kann mich lediglich dran erinnern, dass sie von den Artischockenherzen nur einen einzigen Bissen gegessen hat!«

»Waas? Waren die denn nicht gut? Sag ehrlich.«

»Doch, die waren ein Traum, mein Häschen. Vielleicht mochte sie die grünen Erbsen in der Füllung nicht?«

Aus absolut unerfindlichen Gründen führt man – im Gegensatz zu deutschen Gastgebern – nämlich keine Exceldatei über die Vorlieben, Allergien, Unverträglichkeiten und Abneigungen der lieben Verwandten, sondern muss einfach alle Gerichte, die man kennt, auf den Tisch bringen. Nur so kann sichergestellt werden, dass am Ende auch wirklich jeder zufrieden ist und die Gastgeberin mit Lob überschüttet wird.

»Pff. Ohne grüne Erbsen sind Ardi Shoki blahmi keine Ardi Shoki blahmi. Aber Tante Samira zuliebe mache ich halt eine Portion *mit* und eine *ohne*, was hältst du davon?«

»Das ist gut. Vielleicht werde ich dann auch von der Variante ohne Erbsen probieren.«

»Ach so? Dir schmeckt meine Erbsenfüllung also auch nicht?«

»Mein Vater, also Tante Samiras Bruder, mochte auch keine grünen Erbsen, das liegt bei uns in der Familie.«

»Wieso sagst du das erst jetzt? Seit dreißig Jahren koche ich dieses Gericht, und heute muss ich erfahren, dass es dir nicht schmeckt? Du bist ja lustig!«

»Gib mir mal einen Kuss!«

Sie küssen sich ein wenig leidenschaftlicher als zuvor. Er nimmt sie in den Arm und flüstert ihr etwas ins Ohr. Sie kichert, wird rot und räuspert sich.

»Ja, wo waren wir stehen geblieben? Hummus, Falafel,

Tabbouleh, Weinblätter ...«, sie hält inne und schaut ihren Mann dabei auffordernd an, »... mit und ohne Rosinen, Muhammara, grüne Bohnen. Artischocken, Zwiebelsuppe.«

Er überlegt. »Reicht das?«

Sie zuckt mit den Schultern und blickt auf die ausgestreckten Finger ihrer Hände. »Neun. Vermisst du etwas?«

»Thymianschnecken!«

»Ach, die Thymianschnecken, du hast recht. Ich schreib mir das gleich auf.«

Während sie sich eine Notiz macht, öffnet er die Kühlschranktür. »Sieht so aus, als müssten wir Platz schaffen, da steht viel zu viel Zeug drin!«

»Das schaffen wir schon. Überleg mal: Wir haben eine Woche Zeit, um das alles wegzufuttern.«

Er grummelt. Dann sagt er: »Ich meine ja nur, wegen der Hauptspeisen, die haben wir noch gar nicht durchgesprochen! Und die Desserts auch nicht.«

»Da wird nicht experimentiert, erstens erwarten alle das Übliche, und zweitens wissen wir, dass es gerade so in den Kühlschrank passt und wir den Zeitplan auch schaffen können.«

»Da hast du recht. Du bist die klügste Frau, die ich kenne. Und die schönste.«

Sie küsst ihn.

Dann wird üblicherweise noch diskutiert, wie jung oder alt das Lamm sein sollte, von dem der Braten gemacht wird (Lina sagt: höchstens acht Monate, Karim sagt: zwischen einem und eineinhalb Jahren), welches Rosenwasser man am besten nimmt (das aus dem Oman sei dieses Jahr besonders gut, meint Lina) und welcher Laden die besten Pistazien hat (der fliegende Händler auf dem Markt, der aber nicht jeden Tag da ist!). Die Tischdekoration überlässt der Ehemann gern seiner Frau, die sich bei diesem Thema auch auf keinerlei Diskussion einlassen würde.

Während der folgenden Woche muss so viel erledigt werden – der private Terminkalender ist voller als der geschäftliche. Bestellen, Abholen, Vorkochen, Abkühlen, Einfrieren, Einlegen und gleichzeitig die Sachen aus dem Kühlschrank verbrauchen. An diesen Tagen erinnern mich syrische Hausfrauen an Oktopusse, die mit jedem Tentakel ein anderes Küchengerät in einen Topf oder eine Schüssel stecken und es schaffen, sich an jedem Ort in der Küche gleichzeitig aufzuhalten.

Wenn dann der große Tag kommt, stellt man den Wecker am besten auf halb sechs, sonst bringt einen die kleinste Verzögerung aus dem Tritt, und das *darf* nicht passieren! Nicht, wenn Tante Samira zu Gast ist!

»Wie viel Zeit haben wir noch, Göttergatte?«

»Zwei Stunden, mein Täubchen. Brauchst du Hilfe? Sag mir, was ich tun soll!«

»Du könntest mir mal die blaue Schüssel aus dem Schrank geben bitte!«

»Aus welchem Schrank?«

»Rechts oben.«

Er steigt auf einen Stuhl und öffnet die Schranktür. Man hört es klappern und klirren, dann steigt er keuchend herab: »Da ist keine blaue Schüssel.«

»Nicht?« Unbeirrt hackt Lina einen faustdicken Bund

Petersilie. »Ach, ich weiß! Schau mal in die Spüle! Magst du sie bitte abwaschen und mir hierhin stellen?«

Grummelnd macht er sich ans Werk. Als er die Schüssel abtrocknet, gleitet sie ihm aus der Hand und zerschellt auf dem gefliesten Küchenboden. »Schau, was du gemacht hast!«

»Ich?« Lina lacht und hört auf zu hacken. Mit erhobenem Messer – und wir sprechen von einer Fünfundzwanzig-Zentimeter-Klinge! – geht sie bedrohlich auf ihren Mann zu. »Wenn du noch einmal behauptest, dass …«

Er weicht nicht von der Stelle. »Was dann?«

Er geht einen Schritt nach vorn und küsst sie. Sie erwidert den Kuss, ja, man könnte sogar sagen, dass sie diese Reaktion vorhergesehen und vielleicht deshalb schon einmal den Knoten der Schürze etwas gelöst hat. Jedenfalls liegt die Schürze nun auf dem Boden und Karim nimmt, ohne den Kuss zu unterbrechen, seiner Frau vorsichtig das Messer aus der Hand und legt es auf den Küchentisch. »Du wirst mir immer noch gefährlich«, flüstert er.

Sie erwidert: »Du mir auch.« Wieder küssen sie sich mit Leidenschaft, und in diesem Moment klingelt es. Man hört, wie Tante Samira von unten ruft: »Tut mir leid, der Bus kam zu früh, ich hoffe, ich komme nicht ungelegen!«

## Schenken und Beschenktwerden

*Allaa.* Ich weiß gar nicht, wo ich anfangen soll – denn beim Thema »Geschenke« finde ich so gut wie keine Schnittmenge zwischen Deutschen und Syrern. Die einzige Gemeinsamkeit scheint zu sein, dass es einen gibt, der schenkt, und einen, der das Geschenk bekommt.

Ich war total schockiert, als ich zum ersten Mal auf eine deutsche Wohnungs-Einweihungsparty eingeladen war. Die Gäste drückten dem Pärchen, das zusammengezogen war, ihre Mitbringsel in die Hand – manche davon in der Zeitung vom Vortag eingepackt, mit einem schnöden, labbrig welligen Band ge-naja-schmückt oder in durchsichtige Folie eingewickelt. Deutsche Geradlinigkeit: auch beim Schenken beziehungsweise Auspacken schnell auf den Punkt kommen, die Schenkerei wird gleich in der Tür erledigt. Rein mit dem Gast, raus mit dem Geschenk, weg mit dem Papier, artig Danke sagen und dann weiter mit der Wohnungsführung. Diese schnell abgehandelte Begeisterung galt unter anderem einem schmucklosen, selbst gebackenen Schokoladen-Kastenkuchen, einem Laib Brot und einer Salzpackung, einer Packung Müsli (»+50g extra«), einem weiteren Laib Brot mit einem Briefchen Salz, noch einem Laib Brot und Salz, einem Strauß Blumen, einer Einladung zum gemeinsamen Abendessen in der befreundeten WG (»Olaf macht echt die beste Bolo!«), einem offensichtlich bereits gelesenen Buch über lustige WG-Anzeigen (»Wir duschen am liebsten nackt«), einem Paar bunter Socken und schließlich: einem Laib Brot mit Salz.

Und Leute, ich hatte nicht den Eindruck, dass die Freude der Beschenkten gespielt war. Aber mal ehrlich: Wo war da der Style? Und wo die Wertschätzung? Mit seinem Geschenk hatte Ralf dem Gastgeber gerade gesagt: »Du bist mir so viel wert wie mein Paar Socken«, Ina: »Ich liebe dich so sehr wie

’ne Packung Müsli« und Pia: »Ich finde dich so gut wie ein zerfleddertes Witzebuch vom Flohmarkt.«

»Brot und Salz, Gott erhalt’s«, das lernte ich an diesem Abend auch. Meine Freunde, plötzlich gläubig geworden, fielen sich dabei in die Arme und klopften sich kräftig auf den Rücken. Verwundert zog ich mich mit einem Stück Schokoladenkuchen auf den Balkon zurück, um in Ruhe über das gerade Erlebte nachzudenken.

Was war denn der Sinn des Schenkens? Also ursprünglich. Ganz am Anfang. Quasi Steinzeitszenario:

1) Ein Fremder signalisiert die guten Absichten seines Besuchs, um nicht sofort abgemurkst zu werden. Was ein paar tausend Jahre später bekanntlich in Troja schamlos ausgenutzt wurde.

2) Ein männliches Mitglied des Stammes schenkt seiner Auserwählten eine Stachelbeere, einen Markknochen oder eine duftende Blume, um ihre Bereitschaft zu erschleichen, mit ihm ›ins Bett zu gehen‹, nicht ahnend, dass das Bett erst wesentlich später von den Ägyptern erfunden werden wird.

Kategorie 1 schien mir die plausiblere, um meine Gedanken der Fragestellung entsprechend weiterzuspinnen. Wenn es also lediglich darum ging, seine guten Absichten darzulegen, dann käme es auf den Geldwert des Geschenks eigentlich nicht an. Geld war nämlich noch gar nicht erfunden in der Steinzeit. Und damit reichte es aus, wenn der Beschenkte sich freute.

Mit dieser Erkenntnis im Kopf flog ich ein paar Monate später zu meinen Eltern nach Saudi-Arabien, die dort eine

Bleibe und Arbeit gefunden hatten. Ich war gespannt, nicht nur, weil ich sie seit meiner Flucht nicht mehr gesehen hatte, sondern weil ich auch dort Zeuge einer Einweihungsparty werden würde.

Meine Mutter lief aufgekratzt von einer Ecke des Wohnzimmers in die nächste und riss dabei alle Schranktüren auf.

»Ach herrje! Ich kenne mich ü-ber-haupt nicht mehr aus! Wo sind die Tassen von Cousine Nora? Wo?«

Ich versuchte sie zu beruhigen: »Mama, ist das so wichtig? Viel wichtiger ist, dass deine Laune sich bessert, sonst ...«

»Ach, hier sind sie ja! Allah sei Dank!« Sie pustete den Staub von zwei floral dekorierten Kaffeetassen mit grotesk geformtem vergoldetem Henkel, dessen Zweck eindeutig nicht im fleckenfreien Verzehr des Getränks liegen konnte, und platzierte sie gut sichtbar auf der Kommode.

»Die hat sie uns letztes Jahr geschenkt. Zur Einweihung der kleinen Wohnung, weißt du.«

Ich sagte nichts dazu und inspizierte den Inhalt der Schränke. OMG – mir wurde schwindlig, kein Scheiß! Ich hatte ja völlig vergessen, welche Ausmaße die Schenkerei hatte. Oder ich hatte die Ausmaße verdrängt, weil ich schon halber Deutscher war, wie mein Vater dauernd, natürlich nur »im Spaß«, meinte. Drei der sechs deckenhohen Schränke im Wohnzimmer waren von oben bis unten vollgepackt mit Tassen, Kännchen und Schalen, eine schillernder und exzentrischer als die andere! Wer brauchte das alles und wozu? Nun, eigentlich kannte ich die Antwort schon, und sie erfuhr ihre Bestätigung mit dem Klingeln an der Haustür.

»Nora, meine Liebe!«

»Nada, habt ihr's aber schön hier! Darf ich reinkommen? Ich bin schon ganz gespannt!«

Nora drückte meiner Mutter, meine Mutter dann mir das Gastgeschenk in die Hand, damit die beiden in Ruhe die Wohnung besichtigen konnten. Dann klingelte es wieder. Ich musste mit dem Ellenbogen den Türöffner drücken, weil das Geschenk echt verdammt riesig war! Kaum hatte ich es auf dem Wohnzimmertisch abgestellt, drückte mir jemand, den ich hinter dem kunstvoll verpackten Geschenk Nummer 2 nicht erkannte, noch in der Tür das Präsent in die Arme. Der Karton war scheinbar größer als die Person, die ihn überreichte, es konnte sich also nur um Tante Hayet handeln, die ihre winzigen 1,48 Meter durch lautstarke Präsenz wieder wettmachte.

»Haaaaa! Allaa! Wie wunderbar, dich zu sehen! Lass dich drücken, mein Junge! Komm zu Tante Hayet!« Hinter ihr tauchte Onkel Yusuf aus dem Lift auf und winkte mir lachend zu.

Ich glaube, meine Tante wusste selbst nicht, wie die innige Umarmung mit dem riesigen Paket zwischen uns funktionieren sollte.

»Sei vorsichtig, Allaa! Da ist was ganz Zerbrechliches drin, mein Schatz!«

Ich balancierte ihr Geschenk zu dem anderen, wobei mir mein Onkel behilflich war. Tante Hayet wuselte direkt in die Küche und hob alle Deckel an, die sie finden konnte, und kommentierte jede Enthüllung mit »Aha!«

Es klingelte schon wieder. Diesmal standen gleich acht Verwandte vor der Tür, mit insgesamt fünf bunten Paketen.

Ein Onkel hatte, laut Tante Hayet, die Männergrippe und ließ sich und seine ihn pflegende Frau entschuldigen. Nach einer halben Stunde waren endlich alle Gäste eingetroffen, und die ganzen Geschenke fanden auf dem Wohnzimmertisch keinen Platz mehr – überall standen bunte Quader herum, sodass ich Schwierigkeiten hatte, meiner Mutter dabei zu helfen, das Gebäck zu servieren. Ihr war jetzt nämlich die Aufgabe zuteil, die Geschenke eines nach dem anderen zu öffnen und lobend zu kommentieren. Ganz ehrlich, Leute, um diese Aufgabe zu bestehen, muss man im Laufe seines Lebens einen immensen Synonymwortschatz zu dem Satz »Oh, wie schön, eine Tasse!« angehäuft haben – und/oder die Reihenfolge der Wörter virtuos zu ändern verstehen: »Oh, wie schön, eine Tasse!«, »Oh, eine schöne Tasse!«, »Oh, eine Tasse, wie schön!« »Schön, oh, eine Tasse!« usw. Ich beneidete meine Mutter wirklich nicht, vielmehr dachte ich an meine deutsche Geburtstagseinladung und hoffte, dass das nächste Paket einfach nur eine Packung Müsli zum Inhalt hätte.

»Ach, ihr seid doch verrückt!«, war der erste Kommentar zu einer grellroten Geschenkbox mit gleich zwölf Mokkatassen. »Die sind wunderschön – und auch so praktisch, wenn man mal mehr Gäste hat! Herzlichen Dank, Malika!« Gespannt saßen die Gäste auf ihren Plätzen und warteten schweigend darauf, welches Paket meine Mutter sich als Nächstes vorknöpfen würde. Cousine Nora rutschte aufgeregt auf ihrem Sessel herum, als meine Mutter die Geschenkverpackung ihres Mitbringsels öffnete. »Nora, mein Schatz! Das wäre doch nicht nötig gewesen! Schau, was du letztes Jahr mitgebracht hast, und die hier ist noch schöner!« Meine Mutter beugte sich zu ihrer Cousine hinüber, um sie auf die Wange zu küssen, dabei stieß sie aus Versehen das silberne Hütchen, das als Deckel der Kaffeetasse dienen soll, zu Boden. Als es auf dem Steinboden aufkam, klirrte es ohrenbetäubend, woraufhin Cousine Nora wie von der Tarantel gestochen aufsprang und meine Mutter … Ich hatte die Augen zugekniffen und fantasierte bereits einen hinterhältig ausgeführten Samoan Drop herbei, der meine Mutter chancenlos mitten auf den Tisch geknallt hätte! Aber meine Mutter hatte sich zum Glück im letzten Moment nach der Quelle des Geräuschs gebückt und hielt nun einen unversehrten Deckel in der Hand.

Cousine Nora stand jetzt wie eine gekalkte griechische Statue regungslos im Wohnzimmer. Wir starrten sie von unseren Sesseln aus an, als sie unvermittelt ihre rechte Hand aufs Herz legte und nach Luft japste.

»Sieh nur! Er hat nicht mal eine Beule abgekriegt.«

Zum Glück! Wir klatschten erleichtert Beifall, die Zeremonie konnte weitergehen.

»Oh, wie originell! Und trotzdem wunderschön!« (Ein Zweier-Set Design-Tassen, die ineinanderpassten.) »Das ist ja toll! Ich wusste gar nicht, dass es so was noch gibt!« (Eine hauchdünne, rosenverzierte Tasse mit Goldrand.) »Eine Tasse! Wer hätte das gedacht? Ihr macht mich so glücklich, meine Lieben!« (Ein modulares System aus ornamentaler Metallmanschette mit Henkel, verschiedenfarbigen Porzellaneinsätzen – dem eigentlichen Gefäß –, Deckeln und einem Miniaturfilter aus einer Art Goldfolie.) Bei einer Tasse kniff meine Mutter die Augen zusammen, zögerte und sagte schließlich: »Kenne ich …« Betretenes Schweigen bei den anderen Frauen.

»Oh, Nada, ich wusste nicht … also Zara hat mir … also, ja … aber sie passt zu dir, oder? … So schön ist sie. So schön! Du hast so einen guten Geschmack. Ich verstehe, warum du sie Zara geschenkt hast.«

»Nicht Zara«, sagte meine Mutter. »Hayet!«

Tante Hayet zuckte mit den Achseln: »Charda hat sie mir bei ihrem letzten Besuch geschenkt.« Die Frauen lachten.

Den Rest bekam ich nicht wirklich mit, weil ich plötzlich nur noch an Schokoladenkuchen dachte.

Dieses Spiel der geplanten Überraschung muss man als Gast mitmachen, sonst wird man nicht mehr eingeladen, deshalb akzeptiert man klaglos »Schöne Tassen« als Gesprächsthema der nächsten zwei Stunden. Danach hat man leider kaum noch Zeit, über das verheerende musikalische Talent von Cousin Masoud zu lästern, der überzeugt ist, als Popsänger sein Geld verdienen zu können, aber er sei ja erst fünfzehn, und alle meinten, ich als halber Deutscher könne und solle ihm den wirtschaftlich zum Scheitern verurteilten Plan ausreden. Na, vielen Dank!

Gegen 22 Uhr waren alle weg, und meine Eltern und ich sanken erschöpft in die Sofakissen. Ich flüsterte: »Wohin räumst du das alles, Mama?«, aber sie war schon eingeschlafen. Das eigentliche Problem ist nämlich: Zu jeder Wohnungseinweihung bekommt man in Syrien so viele Geschenke, dass die neue Wohnung damit schon wieder zu klein ist. Die Deutschen sind da wesentlich realistischer. Die meisten ihrer Geschenke existieren erst gar nicht physisch oder werden aufgegessen. Und das trockene Brot können die deutschen Mädels an ihre Pferde verfüttern.

# Essen und Trinken

## Was steht auf dem Tisch – Syrien vs. Deutschland

*Allaa.* Eines dürfen wir auf keinen Fall unter den Tisch fallen lassen: Was genau eigentlich auf dem Tisch stehen muss, wenn ein Gast, eine Gästin oder mehrere Gäste zum Kaffee eingeladen sind. Soweit ich weiß, gibt es dafür zwar weder in Syrien noch in Deutschland Regeln, aber die meisten Besucher wären wohl enttäuscht, wenn gewisse landestypische Standards nicht eingehalten würden. Das geht los bei der Dekoration. In Deutschland stehen fast immer Blumen auf dem Tisch. Dann klingelt es an der Tür, und die Gäste stehen mit einem weiteren Blumenstrauß davor. Dumm ist, wenn der geschenkte Blumenstrauß die Aufnahmefähigkeit der größten im Haushalt befindlichen Vase übersteigt. Dann endet er, mit entschuldigendem Lächeln der Gastgeber, eventuell in einem Bierglas oder -krug. Was in Syrien, so man dieses Ritual kennen würde, einer ästhetischen Bankrotterklärung gleichkäme, wird in Deutschland immer noch als freundschaftliche, wohlmeinende Geste akzeptiert.

Wer nämlich in Syrien Blumen mitbringt, hat entweder vor, um die Hand der Tochter des Hauses anzuhalten (Vorsicht also!) oder überbringt einem kranken Familienmitglied florale Genesungswünsche. So allgegenwärtig Schnittblumen in Deutschland sind, so exotisch sind sie in Syrien. Ich wüsste nicht einmal, wo ich in Syrien Blumen kaufen sollte. Hier in Deutschland bekomme ich einen angemessenen Last-Minute-Strauß sogar an der Tanke oder im Supermarkt – falls ich mich mal kurz entschlossen verloben wollte.

Zu den Snacks: Bevor es zum eigentlichen Teil der Einladung kommt – dem in beiden Ländern rituellen Kaffeetrinken –, werden sowohl hier als auch da kleine Snacks gereicht. In Syrien steht ein Obstteller auf dem Tisch: Bananen, Äpfel, Orangen und natürlich zwei Gurken. Kein syrischer Obstteller ohne Gurke. Keine syrische Antwort auf die an dieser Stelle stets folgende deutsche Frage: »Warum, Gurke ist doch gar kein Obst!?« Die zwei Gurken sind einfach da und werden gegessen. Alles ist hübsch aufgeschnitten und angerichtet, sodass quasi auch gleichzeitig die Dekofunktion abgedeckt ist. Auf einem eigenen Tellerchen daneben gibt es noch Takhlita, das sind gesalzene Mandeln und Nüsse.

Mandeln würden auch in Deutschland als Knabberei durchgehen, denn solcher Natur sind hier die Standardsnacks. Der vorausgehende Imbiss Salzstangen, Käsestangen, Erdnüsse oder Artverwandtes soll »gemeinschaftsstiftend« sein (das hat mir mal ein Soziologiestudent erklärt, nachdem wir uns über die letzte Käsestange in die Haare gekriegt hatten. Er wollte mein Angebot zu teilen nicht annehmen und hat sie sich einfach in den Mund gestopft).

Zum Kaffee selbst schließlich gibt es in Syrien Schokolade, und zwar in solch geringen Mengen, dass die eingeladenen Kinder immer 80% essen dürfen und die Kinder der Gastgeber vielleicht 10%. Kurz bevor die Gäste eintreffen, wird den Kindern des Gastgebers noch einmal unmissverständlich klargemacht: »Nehmt nicht mehr als ein Stück, das wäre fürchterlich unhöflich.« Die restlichen Prozente teilen die Erwachsenen unter sich auf, weil sie vor lauter Gesprächen sowieso nicht richtig zum Schokoladeessen kommen.

In Deutschland jedoch schlägt genau jetzt die Stunde der gastgebenden Hausfrau! Eine Torte, zwei Bleche verschiedenster raffinierter Kuchen, das gute Geschirr mit dem Goldrand und das schönste Milchkännchen, das sich finden lässt. Wie wir alle wissen, fällt es den Deutschen echt schwer, einander ihre Zuneigung auszudrücken. Um dieses Dilemma auf elegante Weise zu lösen, hat man die Kuchensprache erfunden: »Du hast dich wieder einmal selbst übertroffen« heißt so viel wie »Ich mag dich wirklich sehr gern«. »Ich kann nicht genug davon bekommen« bedeutet »Ich würde gerne mehr Zeit mit dir verbringen«. Und die ultimative Liebeserklärung ist der Satz: »Würdest du mir das Rezept aufschreiben?«

## Rechnung im Restaurant

*Allaa.* Ein typisch deutscher Restaurantbesuch zeichnet sich durch zwei Besonderheiten aus: Erst fühlt man sich nicht richtig willkommen (Warum muss man Wasser bestellen? Warum steht es nicht bereits auf dem Tisch?) und dann ist die Sache viel zu schnell vorbei (Wer zahlt, steht entweder vorher fest, oder man einigt sich in Sekundenschnelle). Im Vergleich zum syrischen Restaurantbesuch natürlich nur. In

Norwegen muss man das vielleicht unter wiederum ganz anderen Kriterien betrachtet, wer weiß, ich war noch nie dort.

Setze ich mich in einem deutschen Restaurant in Deutschland an den Tisch, dann fällt mir zuerst eine schockierende Leere ins Auge. Eine wüstenhafte Leere, deren Sandigkeit symbolisch verkörpert wird durch die Brösel, Krümel und Salzkörner der Gäste zuvor, vor allem aber durch das Hauptcharakteristikum aller Wüsten: dem Fehlen von Wasser!

Das Einzige, was dir in einem deutschen Restaurant in Deutschland ohne Aufforderung gebracht wird, ist Brot. Was in mir unmittelbar eine körperliche Reaktion auslöst: »Eine Flasche Wasser. Bitte!«

»Wollen Sie mit dem Essen noch warten oder …«

»Ja, bitte zuerst Wasser. Bitte!«

Die Bedienung nimmt die Bestellung auf und steuert auf einen Tisch mit neu eingetroffenen Gästen zu, an dem sie weitere Bestellungen in ihren Block kritzelt. Danach kassiert sie Tisch 23 ab und nimmt eine Reklamation an Tisch 4 entgegen.

Mit den Worten »Sorry, dass es etwas länger gedauert hat« serviert sie den Gästen an Tisch 11 ihr Essen und gibt per Fingerzeig dem Nachbartisch zu verstehen, dass auch er nicht vergessen wurde. Und ich? Gefühlt beträgt die Zeitspanne zwischen Bestellung und Lieferung des Wassers irgendwas zwischen fünf und fünfzig Minuten. In Syrien wärst du längst aufgestanden und in den Laden nebenan gegangen, wo dich nämlich auf jedem Tisch eine Flasche Wasser begrüßt. Gekühlt und beschlagen, so wie es sein muss!

Die Warterei dauert auch deshalb so lang, weil die Deutschen in einem deutschen Restaurant in Deutschland meistens getrennt bezahlen. Bei einem Tisch mit acht Personen kann das schon mal zehn Minuten dauern, zumal immer irgendeiner was vergessen hat. Aber alles »hat seine Ordnung«, und deswegen behaupten meine deutschen Freunde, dass das System hierzulande unkompliziert sei, weil transparent.

Wir sind hier doch nicht beim Finanzamt, Leute!

Die Rechnung nach einem gemütlichen Essen muss in jedem Fall so beglichen werden:

Ich: »Mann, war das lecker! Ich krieg kein Reiskorn mehr rein.«

*Abdul.* »Da sagst du was. Also ich geh hier wieder hin, definitiv!«

»Definitiv. Komm, lass uns mal bezahlen.«

»Ich übernehme das.«

»Nein, ich übernehme das.«

»So ein Quatsch – ich übernehme die Rechnung, das ist doch wohl klar!«

»Nein, nein. Das Essen geht auf mich und basta.«

Ich strecke den Arm aus und winke.

*Abdul.* »Wenn du das machst, dann ...«

»Ich weiß: Dann bist du beleidigt. Und ich bin noch mehr beleidigt, wenn ich dein Angebot annehmen würde, also lass einfach gut sein.«

»Ich bin älter als du, vergiss das nicht! Ich darf zahlen.«

Der Ober kommt an den Tisch. »Die Herren?«

»Die Rechnung bitte. Auf mich.«

»Auf mich.«

»Auf mich.«

»Auf mich.«

Von irgendwoher hören wir eine weitere Stimme: »Auf mich«, aber wir können sie nicht zuordnen.

Der Ober geht.

Der Ober kommt zurück. »Der Chef möchte euch gern einladen.«

»Aber das ist doch nicht nötig!«

»Nein, das ist doch nicht nötig. Komm, wir bedanken uns mal bei ihm!«

»Ja, wir wollen uns bedanken.«

Wir stehen auf, ziehen unsere Jacken an und warten an der Theke auf den Wirt. Ein Mann kommt strahlend aus der Küchentür, umläuft den Tresen und steht plötzlich direkt zwischen uns: »Bitte, seid meine Gäste. Hat es euch geschmeckt, wart ihr zufrieden?«

»Ganz ausgezeichnet, wir kommen auf jeden Fall wieder!«

»Das freut mich. Es ist mir eine Ehre. Ich übernehme das. Danke! Vielen Dank!«

»Das können wir auf keinen Fall annehmen.«

»Nein, wir können das nicht annehmen. Bitte, hier!« Abdul zückt seinen Geldbeutel und öffnet ihn. Der Wirt lacht und schiebt ihn zur Seite.

Ich sage: »Nein nein, ehrlich, es hat uns so gut geschmeckt, wir möchten, nein: Wir *müssen* das bezahlen. Es ist *uns* eine Ehre!«

So, jetzt hat der Wirt ganz sicher verstanden, dass es uns geschmeckt hat und dass wir zufrieden waren. Mit einem ›Ausgezeichnet, danke‹ kommt man vielleicht im ›Kartoffelhaus‹ durch, aber nicht in einem original syrischen Laden mit syrischem Wirt.

Er brummt noch ein paar Sätze wie »Also so was«, dann ruft er den Oberkellner, gibt ihm ein Zeichen, schüttelt uns kurz die Hand und verschwindet wieder in seiner Küche.

Der Ober übernimmt nun den unangenehm praktischen Teil. »Zweimal Suppe, zweimal Hauptgericht, Wasser, drei Cola. Macht fünfundfünfzig Euro genau.«

Abdul, der seinen Geldbeutel ja bereits in der Hand hat, ist schneller! Er drückt dem Ober sechzig Euro in die Hand und rennt aus der Tür. Ich renne hinterher und stelle ihn: »Nächstes Mal.«

»Komm, wir rufen ein Taxi.«

»Okay. Hast du noch Geld?«

»Nö.«

»Ich auch nicht.«

»Dann laufen wir.«

## Lebensmittel-Unerträglichkeiten

*Abdul.* Neulich vor dem Schlafengehen hatte ich mir noch notiert, dass ich in unserem Buch unbedingt meinen Senf zum Thema »Unverträglichkeiten« loswerden wollte. Ein paar Tage darauf fiel es mir allerdings schwer, meine eigene Schrift auf dem Post-it zu entziffern – anscheinend war in meinem Gekritzel das V verloren gegangen, und so fragte ich mich den halben Tag, warum ich unbedingt etwas zu »Unerträglichkeiten« schreiben wollte. Als mir das V wieder einfiel, war mir klar, dass die beiden Begriffe etwas miteinander zu tun hatten.

Ein paar Tage zuvor habe ich mich nämlich eigentlich entschlossen, Vege... Moment, da ist ein Widerspruch! Entweder entschließt man sich und ist uneigentlich oder man bildet sich nur ein, dass man sich entschlossen hat.

Ich fang also noch mal an: Ich wäre gerne Vegetarier. Als ich das meiner Mutter neulich nebenbei am Telefon erzählt habe, konnte sie nicht mehr aufhören zu lachen. Zwei Stunden später, als ich noch mal anrief, lachte sie immer noch, so absurd war die Idee für sie!

Aber wenn man in Deutschland lebt, läuft einem dieses Thema dauernd und überall über den Weg. Viele meiner Freunde finden den Gedanken unerträglich, Fleisch zu essen, manche sogar den Gedanken, Milch zu trinken und Käse oder Joghurt zu sich zu nehmen! So weit bin ich noch nicht, aber fast. Während ich im Café bisher immer automatisch einen Latte macchiato und ein Schinken-Käse-Sandwich bestellt habe, haben meine Tischnachbarn Salat gemampft und dazu Soja-Cappuccino getrunken. Wenn ich dann fragte, warum, bekam ich meistens zur Antwort: »Ich vertrage keine Milch. Und Fleisch finde ich eklig.« Ich stutzte jedes Mal: »Das kann doch gar nicht sein. In Syrien isst man dauernd Fleisch, und kein Mensch ist allergisch auf Milchprodukte oder irgendwas.«

»Hm, wir Mitteleuropäer sind vielleicht schon degeneriert, kann schon sein.«

Degeneriert? Vielleicht trifft's ›desinfiziert‹ ja besser? Wenn ich sehe, wie sauber die Straßen hier überall sind, wie soll man da – und das sage ich als Medizinstudent – Antikörper entwickeln? Die Einzigen, die hier gewisse Antikörper entwickeln, sind die Kellnerinnen und Kellner in Hipster-Cafés. Kürzlich saß ich in so einem Etablissement und lauschte diesem Gespräch:

»Hallo, was darf ich dir bringen?«

»Hey! Habt ihr Sojamilch?«

»Ja klar, ich kann dir auch Mandel- und Hafermilch anbieten. Und wart ma – ich glaube, der Chef hat noch was Neues, was noch nicht auf der Karte steht. Ich frag ihn mal, wenn du magst?«

»Ja, gern. Wobei Sojamilch auch echt in Ordnung wäre... Wenn die ohne zugesetzte Aromen ist.«

»Ach so, da muss ich nachfragen. Bin gleich wieder da.«

Der Cafébesucher nimmt währenddessen die Karte zur Hand und studiert die Liste der Zusatzstoffe. Die Kellnerin kommt zurück und unterbricht ihn freundlich lächelnd bei der Lektüre.

»Soooo: Sojamilch haben wir zwei Sorten ohne Aromen, einmal mit Kalzium und einmal ohne, dafür mit Rohrzucker.«

»Oh, hm.«

»Wir haben auch Mandelmilch und Hafermilch.«

»Nee, Hafer geht gar nicht. Mandelmilch ist mir glaub' ich gerade ein bisschen zu mästig. Sag mal, der Kalziumzusatz, ist der bio?«

»Hm, muss ich nachschauen, Moment!«

»Okay.« Wieder widmet sich der Gast der Liste. Ein Punkt scheint ihn stutzig zu machen. Er greift zu seinem Smartphone und tippt etwas ein. Die Kellnerin kommt zurück.

»Das Kalzium ist aus Meeresalgen.«

»Ah, also nicht regional!?«

»Ähm, ich glaube nicht, ist ja keine Küstenregion hier.«

»Okay. Sag mal, habt ihr WLAN hier?«

Die Kellnerin deutet an eine Tafel neben der Theke: »Klar.«

»Danke! Du, gib mir noch zwei Minuten, ich überleg noch.«

»Darf's auch was zu essen sein?«

»Ja, zwei Minuten, okay?«

Kellnerin geht mit einem leisen Kopfschütteln ab.

Der Gast tippt etwas auf seinem Smartphone ein, scrollt herum und tippt erneut. Lächelnd legt er es, bedeutungsvoll mit dem Display nach unten, auf den Tisch zurück.

Die Kellnerin erscheint wieder am Tisch: »Und, schon entschieden?«

»Hm, was war denn das für ein neues Produkt, von dem du vorhin gesprochen hast? Ich hab gerade ein bisschen Bammel wegen der Östrogene und so.«

»Da stand nix drauf von Östrogenen!«

»Ach so, nee, das mein ich nicht. In Sojabohnen ist von Natur aus Östrogen drin – beziehungsweise Isoflavone heißt das dann, glaub ich –, das wird nicht zugesetzt.«

»Ah ja.«

»Verringert die Spermienproduktion, da hab ich kein' Bock drauf.« Er lacht frech.

»Ah ja. Soll ich nachfragen wegen der neuen Dings-Milch?«

»Gerne, klar, danke!«

Kellnerin geht ab. Im Spiegel hinter dem Tresen kann man sehen, wie sie ihre Augen rollt.

Der Gast blättert erneut in der Angebotskarte hin und her. Die Kellnerin kommt angerauscht: »Buchweizen.«

»Oh wow, Buchweizen klingt geil! Nehm ich. Einen Latte macchiato Buchweizen!«

»Kommt sofort. Zu essen?«

»Ach so ja, ursprünglich den Salat mit Räuchertofu, aber das geht ja nicht mehr. Fruchtbarkeit und so. Ich schau noch mal.«

Kellnerin geht wortlos ab, bereitet lautstark das Heißgetränk zu und stellt es ihm immer noch wortlos auf den Tisch.

»Danke dir! Gleich mal probieren!«

Der Gast macht zuerst ein Handyfoto, nippt, verzieht das Gesicht und stellt das Glas ab. Am Ende beträgt die Rechnung 5,20€, die er ohne Trinkgeld bei der Kellnerin begleicht und dabei anmerkt, wie gewöhnungsbedürftig das Getränk gewesen sei und ob sie nicht Lust hätte, sich mal diverse Buchweizenmischgetränke mit ihm zusammen auszudenken?

Ich könnte mir vorstellen, dass sich in ein paar Jahren, wenn wieder Frieden in Syrien ist und wir als Seutsche (syrisch + deutsch = seutsch) zurückkehren, die Geschichte so abspielen würde:

Ich betrete einen Imbiss. Allaa wartet schon auf mich und winkt mich zu sich an den Tisch.

»Hey, Alter, alles klar?«

»Alles klar, Mann. Schon mal Buchweizenmilch getrunken?«

»Whoat?«

»Buchweizenmilch.«

»Du bist hier in Syrien, Abdo. Hast du schon mitbekommen, oder?«

»Schon gut, Mann. Hey, ich hab Hunger, sieht gut aus hier! Die ham schon vegetarisch, oder?«

Allaa sieht mich mit zusammengekniffenen Augen an.

Der Inhaber kommt an den Tisch: »Hallo, ich freue mich, dass ihr bei mir seid.«

»Schöner Laden!«

»Danke! Darf ich einen Tee aufs Haus anbieten?« Der Inhaber stellt zwei Gläschen Tee auf den Tisch und rattert seine Angebote des Tages runter: »Das gibt es heute: Schewarma, Davud Basha, Kibbeh, Linsensuppe ...«

Allaa: »Wissen Sie was, ich nehme einfach irgendwas! Sie empfehlen mir irgendwas, so machen wir das!«

»Für mich auch, aber ohne Fleisch.«

Der Inhaber antwortet: »Ohne Fleisch? Was soll das sein?«

»Ich bin Vegetarier. Ich esse kein Fleisch.«

Inhaber: »Aaaaaah! Wagataria, alles klar!«

Er kommt mit einem Tablett zurück, auf dem diverse kleine Teller stehen. »Empfehlung vom Koch!« Zuerst stellt er zwei Teller mit Hummus und Auberginenpaste auf den Tisch. Dann Brot und eine längliche Edelstahlplatte mit Hühnerfiletspießen. Danach einen großen Teller mit Hackbällchen. Allaa greift freudig zu.

Der Inhaber fragt: »Noch einen Tee?«

»Ohne Fleisch, oder?«, frage ich leise.

Er nickt freudig: »Ohne Fleisch. Wie gewünscht.«

Ich deute auf die Hackfleischbällchen und Spieße: »Ist das aus Soja?«

»Aus Al-Barfoum, kein Problem. Hühnchen. Kein Fleisch!«

Allaa dreht sich zu mir um, beobachtet schweigend und mit vollem Mund die Szene.

»Äh. Hühnchen ist Fleisch. Kein Rind, kein Huhn. Gar nichts vom Tier, nur Milch und Eier!«

Der Chef hält einen Moment inne, murmelt »Wagataria« und schiebt schwungvoll die Hackfleischbällchen und Hühnerspieße zu Allaa: »Kein Problem, kein Problem! Fleisch hier und« – er zeigt auf den leeren Tisch von Abdul – »kein Fleisch hier.«

Kurz darauf schwebt er mit zwei neuen Platten herein. »Guten Appetit!«

Und schon ist er wieder in der Küche verschwunden. Während Allaa alles reinschaufelt, was auf dem Tisch steht, fange ich an zu schwitzen – vor uns steht einmal ein mit dunkelgrünem Olivenöl beträufeltes gegrilltes Fischfilet und einmal … *Kutteln.*

»Boh, Alter, sieht das gut aus.« Allaa grinst provozierend.

Geknickt winke ich ab. »Ich kann das nicht essen. Ich kann das noch nicht mal fotografieren.«

Vielleicht sollte ich mir das doch noch mal überlegen mit dem Leben als Vegetarier. Unter einem »Vegetarier« stellt man sich in Syrien jemanden vor, der Zimmerblumen besitzt und sie auch noch regelmäßig gießt. Oder der Bäume umarmt oder so. Allaa ist auch so ein Ignorant. Wenn ich sage, ich möchte aus moralischen Gründen auf Fleisch verzichten, ich finde Massentierhaltung und Schlachthöfe grausam, meint er nur dazu: »Habibi, das ist der circle of life. Ich hab 'nen Freund, der verträgt kein Nutella! *Das* ist mal so *richtig* scheiße.«

## Die Eigentlichkeit der Kartoffel

*Allaa.* »Gehen wir was essen, Abdul? Auf was hast du Lust?«

»Auf alles.« Abdul stockte plötzlich, rieb sich an der Nase, schüttelte den Kopf.

»Was ist los, Habibi?«

»Auf *eigentlich* alles ...« Er redete Deutsch, aber mit einem merkwürdigen Unterton in der Stimme und einem leidenden Gesichtsausdruck. Es folgte eine kleine Pause. Musste ich ihm alles aus der Nase ziehen?

»Alles außer Pommes.«

Dass ausgerechnet die hierzulande heißgeliebte Kartoffel von uns zwei hereingeplatzten Syrern verschmäht wird, dürfte den meisten Deutschen schnurzegal sein. Auch ohne uns beide werden genug Kartoffelsalat, Bratkartoffeln, Kartoffelpuffer, Kartoffelbrei, Kartoffelgratin (lasst mich mal kurz Luft holen), Potato Wedges, gebackene Kartoffeln mit Sour Cream, Patatas Bravas, Chips und Pom-Bären verzehrt – uns Syrern braucht ihr die Stagnation in der Kartoffelwirtschaft nicht auch noch in die Schuhe zu schieben. Kartoffeln können – so zumindest die Meinung der Deutschen – Beilage und Hauptspeise sein, vielleicht sogar gleichzeitig.

Außerdem kann man, habe ich mir mal von einer Horde Erstklässler sagen lassen, aus Kartoffeln Männchen und Stempel basteln, und die Säcke sind auch zu irgendwas nütze, hab ich aber vergessen. Der Nachteil ist, dass Stempel und Männchen nach sehr kurzer Zeit verschrumpeln oder verschimmeln. Daher kam wohl die Idee, den Werkstoff aufzuessen, bevor die Verderblichkeit eintritt.

Ach so, wir wollten ja essen gehen!

»Currywurst«, sagte Abdul.

»Ohne Pommes«, waren wir uns einig.

Ein Schaufenster, davor zwei Klapptische, kein Schild, nur ein Aufkleber mit »Currywurst« auf die Tür geklebt. Drinnen herrschte das ästhetische Diktat des »Wir brauchen noch Stühle« und »Ist das ein Tisch? Egal, stell das Ding da mal hin und rück die Stühle ran.« Einrichtung egal wie, auch Fliesen, Theke, Bilder, Lampen, Musik: irgendwie. Nur die Speisen sind nicht irgendwie, die sind top.

»Vielleicht sollten wir fragen, ob sie unser Logo verwenden wollen? ›GLS – German Lecker Sausage‹?«

»Zweimal Currywurst bitte.«

Der Mann hinter der Theke fragte mechanisch: »Was dazu? Brötchen oder Pommes?«

Wir beide ebenso mechanisch: »Nix.«

Neben Currywurst hat Abdul noch ein zweites deutsches Lieblingsessen, das ich allerdings überhaupt nicht verstehen kann: Sauerkraut!

»I loooove Sauerkraut!«

»Abdul, du bist krank!«

»Nein. Sauerkraut schmeckt super. Und ist gesund.«

»Genau dasselbe hast du mal über Buttermilch gesagt, *wenn ich dich daran erinnern darf.*«

»Das war was anderes. Ich hatte dir vorgeschwärmt, bevor ich überhaupt probiert hatte! Weil eigentlich …«

»Eigentlich.«

»… eigentlich konnte doch nix schiefgehen, das musst du zugeben! Butter: schmeckt super. Milch: schmeckt auch super. Beides zusammenaddiert: supersuper.«

»Falsch gerechnet.«

»Ja. Der Geschmack hat sich bei mir eingebrannt. Daher eine Bitte.«

»Ja?«

»Du darfst mich *nicht daran erinnern.*«

## Alkohol

*Abdul.* Jan fragte mich, ob ich mit ihm »weggehen« würde. Mit »Weggehen« ist nicht Auswandern gemeint, sondern »ein, zwei Bier trinken«. Wobei auch damit etwas anderes gemeint ist. »Ein, zwei Bier trinken« kann bedeuten: »Drei, vier Bier trinken« oder »Ich möchte was mit dir besprechen«, »Lass Party machen« oder auch »Ich muss etwas gegen den Frauenmangel in meinem Leben unternehmen«. An seinen hochgezogenen Augenbrauen erkannte ich, dass Jan mit seiner Frage auf den letzten Punkt anspielte. Warum er mich dazu brauchte, war mir allerdings ein Rätsel.

»Bist du sicher, dass ich mitgehen soll?«, fragte ich und zog meine Jacke an.

»Das erklär ich dir auf dem Weg«, meinte er und sprühte sich zur Sicherheit noch eine weitere Schicht Deo unter die Achseln, bevor er den Reißverschluss zuzog.

Wie er sich das mit dem Erklären vorstellte, war mir nicht ganz klar. Er trat so heftig in die Pedale, dass ich mit meinem Schrottfahrrad nicht hinterherkam. »Wir dürfen nicht zu spät kommen, das macht einen schlechten Eindruck«, schrie er und fuhr über eine rote Ampel.

»Warum ›wir‹?«, brüllte ich zurück und wich einem Fußgänger aus, den ich beinahe übersehen hätte, da es auf jeden Fall cooler war, ohne Licht zu fahren.

Jan drehte sich um und rief mir zu: »Frauke ist total schüchtern! Besser, wenn wir nicht allein sind, glaub mir!«

Ich glaubte ihm nicht. Er hatte noch nie eine Freundin gehabt, und ich konnte mir auch keine vorstellen, die zu ihm passte. Insofern wollte ich seinem Anlauf nicht im Weg stehen und als Anstandswuffwuff dabeisitzen.

»Darf ich am Gespräch teilnehmen oder nicht?«, fragte ich, als wir die Räder vor der Kneipe abschlossen. Aus Syrien kannte ich diese Situation nicht, und ehrlich gesagt kam sie mir auch in Deutschland etwas fremd vor.

Er zögerte. »Vielleicht besser nicht. Nach zwei Bier wirst du manchmal echt komisch, Abdo.«

Ich? Komisch? »Warum sagst du mir das erst jetzt?«

Er antwortete nicht und hielt mir die Tür auf.

Frauke war schon da und hatte einen Stuhl – einen, nicht zwei – an einem der wenigen Tische freigehalten. Als Jan mich als ›Abdul‹ vorstellte, sagte sie: »Hi Abdul, nice to meet you.«

Ich sagte: »Ich mich auch«, und Jan bestellte gleich zwei Bier. Die Situation war so doof, so peinlich, dass ich nach einem Ausweg suchte, da rauszukommen. Und der bot sich glücklicherweise in Gestalt meines Facebook-Freundes Tim, den ich an der Bar entdeckte. Ich rief: »Hey, hi Tim, was geht ab?!« und zog mich dezent aus der Affäre. Tim war der Typ, der all unsere Artikel zum Thema Homophobie mit Regenbogen-Emoticons gelikt und ihre Kommentarspalten mit klugen Antworten bereichert hatte. Deswegen freute ich mich umso mehr, ihm mal im echten Leben zu begegnen.

»Abdul, nicht wahr? Hi!«, begrüßte er mich. »Dass du dich an meinen Namen erinnerst!«

»Ja, klar. Hi! Schön, dich zu treffen!«

»Was machst du? Bist du allein da? Das hier sind Olli« – sein Kumpel nickte mir zu –, »Mark und Leander.« Die anderen zwei hoben ihre Cocktailgläser.

»Was trinkst du, Abdul?«

»Äh, Tee, ich trinke einen Tee«, woraufhin ich mich an die Barfrau wandte und einen bestellte.

Tim lachte: »Ach stimmt, du bist ja Moslem, da ist Alkohol verboten, stimmt's?«

Ein Bier wäre mir in diesem Moment lieber gewesen, aber ich wollte es nicht riskieren, ›komisch‹ zu werden, wie Jan behauptet hatte. Also hielt ich die Klappe und sah rüber zu ihm. Was war da los? Machte er die falschen Komplimente? Scheiterte er an der Herausforderung, so charmant wie möglich zu sein?

Er hatte sich nach vorn gelehnt und redete, während Frauke einfach nur zuhörte. Ihr Bierglas war noch so gut wie voll, während Jans fast schon leer war. Dass sie die Unterhaltung genoss, konnte man nicht unbedingt aus ihrem Gesichtsausdruck herauslesen. Als sie zu mir herüberschaute, lächelte ich zurück. Dann sagte ich zu Tim: »Ich nehme auch so was« und zeigte auf das Cocktailglas in seiner Hand.

»Now we're talking«, meinte der und bestellte mit einer Kopfbewegung in meine Richtung einen Mojito. Entweder er bekam hier eine Sonderbehandlung oder die Barfrau meinte es, wie man wohl so sagt, »gut mit mir«, jedenfalls legte schon der erste Schluck einen Schalter in meinem Kopf um. Donnerwetter, wir hatten Spaß! Schon nach zehn Minuten schlüpfte ich in sämtliche Sprechrollen meiner GLS-Lieblingssketche, und die Jungs um mich herum kriegten sich nicht mehr ein. Ab und zu verfolgte ich den Weg der Kellnerin, die in immer kürzeren Abständen Bier an Jans Tisch brachte, wobei Frauke ihr erstes Glas immer noch nicht ausgetrunken hatte. Sie schien übrigens gar nicht so schüchtern zu sein: Ich konnte beobachten, wie sie immer wieder kopfschüttelnd widersprach und die Augen verdrehte. Mein dritter Mojito gab mir den Auftrag, bei den beiden mal nach dem Rechten zu sehen. Vielleicht konnte ich Jan ja irgendwie helfen?

»Des Prolem der Gnoseologie ist doch Folgendes«, lallte Jan. Oh no, er hatte bereits den Hegel-Pegel erreicht! Also das Stadium der Trunkenheit, in dem deutsche Männer anfangen, sämtliche globalen Probleme zu lösen. Dass einer auf diese Weise jemals punkten konnte, war meiner Beobachtung bislang entgangen, im Gegenteil.

»Die zunehmde Ditalisierung muss dazu führen, dass das bedinslose Grundkomm eingeführt wird. Da geht kein Weg dran vorbei.«

Frauke sagte: »Mhm.«

»Un wenn die Herrscherfamje nich wäre, dann könnte Nordkorea vielleicht sogar als Modellstaat …«

»Mhm.«

»Kim Jong-Un tut mir einglich leid, weil ...«

»Mhm.« Frauke schaute zu mir hoch. Ich lächelte und entschied, noch einen Mojito zu bestellen.

»... er türlich in ein dysfunksionales Familenschema reingeborn wurde. Verstehsduwasichmeine?«

»Mhm.«

Als Jan dann bei »Vezuela« angekommen war, hörte ich, dass aus den Lautsprechern »Sexy Back« von Justin Timberlake schallte. Das hatte ich zum letzten Mal in Aleppo gehört! Jemand machte lauter, und ich konnte nicht anders, als die Füße zu bewegen. Wie damals. Frauke lachte, während Jan versuchte, mit der Frage »Könn' Männer ürhaupt Feministen sein? Gehdasürhaupt?« gegen den Beat anzukämpfen. Frauke stand auf und rief: »Noch mal!«

Justin setzte wieder ein, und Frauke nickte rhythmisch mit dem Kopf, während ich mich vor allem um mich selbst drehte. Ein Mädchen aus meinem Kurs, Isa, kam auf mich zu. Ohne zu fragen nahm sie einfach einen Schluck von meinem Mojito und bohrte mir ihren Zeigefinger auf den Plexus solaris: »Du bist sooo anstrengend, Alter!« Dann drehte sie sich genervt zu Frauke und schrie ihr ins Ohr: »Er geht mir so auf den Sack, Alter!«, um dann zu ihrer Freundin zurückzuschwanken. Ich zuckte mit den Schultern und lachte. Frauke rief: »Wäre das auch geklärt!« Wir nahmen gemeinsam am Tisch Platz.

Um drei war die Musik aus, und die Lichter gingen an. Verschwitzt ließ ich den Abend Revue passieren: Ich wusste über Fraukes Bindungsprobleme Bescheid und ihr schwieriges Verhältnis zu ihrer Schwester. Tim hatte mich eine Minute oder länger umarmt und verraten, dass er, wäre er schwul, mir ohne zu zögern an den Hintern gefasst hätte. In Syrien, so ganz ohne Alkohol, hätte ich das alles wahrscheinlich nie erfahren. Jan dagegen war einer der Typen, die auf Alkohol echt komisch reagierten. Jan!? Wo war der eigentlich abgeblieben? Er war irgendwie unauffindbar, das hieß, ich musste mein Rad alleine nach Hause schieben.

Auf dem Weg plingte mein Handy, eine Nachricht von Marie. Sie schrieb: »Bist du betrunken? :) Aber du bist süß!« Ich konnte mich nicht erinnern, dass ich ihr etwas geschickt hatte und klappte meine ursprüngliche Nachricht auf – und schnell wieder zu! Hatte ich wirklich etwas von »heiraten« und »Kindern« geschrieben? Zuerst war es mir fürchterlich peinlich, aber je länger ich darüber nachdachte, desto klarer wurde mir, dass ich Marie – die es so verstanden hatte, wie es nur die Richtige verstehen konnte – wohl die Wahrheit gesagt hatte.

# Miteinander reden

## Über Deutsch streiten – mit Arabern

*Allaa.* In der Zeit des Sprachkurses[13] herrscht mentaler Ausnahmezustand! Nie vorher oder nachher habe ich mit meinen Mitbewohnern so viel gestritten. Über Deutsch – auf Arabisch! Am Anfang streitest du über grammatikalische Fragen wie Genitiv und unregelmäßige Verben. Später dann findest du dich plötzlich in einem Kampf auf Leben und Tod wieder. Es geht um die richtige Aussprache!

»Sag noch mal!«

»Ich bin gefallen.«

»Haha.«

»Was ›haha‹?«

»Du sagst ›Ich bin gefahlen‹!«

»Was? Hör mal hin: ›Ich bin gefallen‹.«

»›Ge-fahlen‹.«

»Spinnst du?« Mein Cousin Ashraf rief in den Flur: »Hey, Nader, kommst du mal?«

Nader stand im Türrahmen und meinte: »Das Wort ›bitte‹ kennst du, oder?«

---

13 Wahrscheinlich betrifft das Problem ausschließlich Deutschkurse.

Ich sprang auf. »So, jetzt kommen mal alle wieder runter! Sag noch mal, Ashraf, und du hörst zu, Nader!«

»Pff! Bin ich dein Hampelmann, Digger?«

»Er sagt ›gefahlen‹ anstatt ›gefallen‹«, erklärte ich Nader.

Der wurde hellhörig: »Ja, sag mal! Sag mal ›Sie hat mir gefallen‹.«

Cousin Ashraf sagte: »Der Satz heißt ›Ich bin gefallen‹.«

Nader tippte sich an die Stirn. »Was soll'n das heißen, Diggi? Entweder ›Ich habe ihr gefallen‹ oder falsch!«

In so einer sprachlich verfahrenen Situation geht man am besten aus dem Zimmer, macht sich einen Tee und hört in voller Lautstärke Sido.

## Besser werden beim Sprechen = Verkürzen

*Abdul.* Am Anfang lernt man im Sprachkurs kurze Sätze. »Guten Tag«, »Ich heiße Abdul«, »Ich möchte bitte …« Das ist unkompliziert, und man ist beruhigt, dass Deutsch nicht so schwer ist. Danach kommt die Phase, in der längere Sätze auf dem Stundenplan stehen, und der Spaß beginnt. Man versteht fast alles und kann sich auch gut im Alltag verständigen. Was man nicht gesagt bekommt: Die Sätze werden zwar länger, aber die Wörter irgendwie kürzer.

Am einfachsten kann ich das erklären am Beispiel von »Ach so«. »Ach so« ist so genial, dass ich es mittlerweile auch in arabischen Gesprächen verwende, und zwar unabsichtlich. »Ach so« ist mir in Fleisch und Blut übergegangen, und seine Evolution ist echt interessant:

Erster Monat: Ach so.
Zweiter Monat: Achso.
Dritter Monat: Ahso.
Vierter Monat: Ah.
Fünfter Monat: Mhm.
Sechster Monat: m.

Wenn das so weitergeht, werden in ein paar Jahren nur noch Delfine verstehen, was ich meine. Aber ist schon okay, ich mag Delfine.

## Streiten in Beziehungen

*Abdul.* »Können wir bitte mal wieder streiten?«, fragte ich meine Freundin Marie höflich, bevor wir uns wieder nur auf die Couch kuschelten, um Netflix zu gucken.

Sie zeigte mir einen Vogel: »Wie? Jetzt, streiten? Einfach so aus heiterem Himmel?« Sie setzte sich auf: »Hast du was angestellt?«

»Ich?«

»Wer sonst? Der Heilige Geist?«

»Nicht, dass ich wüsste. Mir ist nur aufgefallen, dass wir schon ewig nicht mehr gestritten haben. Das gefällt mir nicht. Streit und Versöhnung in Beziehungen ist der Pfeffer in der Suppe.«

»Salz«, entgegnete sie automatisch, »das gefällt dir also nicht, so so.«

Wieder tippte sie mit dem Zeigefinger an ihre schöne Stirn und grinste. »Na gut, über welches Thema möchtest du gerne streiten?«

»Tja, ich weiß nicht. Hast du einen Vorschlag?«

»Ach so! *Ich* soll jetzt einen Auslöser finden, weil *du* streiten willst, aber zu faul bist, dir Gedanken zu machen? So läuft das nicht, Freundchen!«

»Schon gut, nicht gleich aufregen! Ich finde zum Beispiel …«, ich überlegte einen Augenblick, »… Langeweile ein super Thema.«

Meine Freundin sprang auf. »Wie bitte? Soll das heißen, ich bin langweilig? Unsere Beziehung langweilt dich?«

Ich wehrte ab (was sollte ich auch sonst tun?): »Nein, nein, ich wollte doch nur darüber reden, wie …«

»Reden, immer nur reden! Ich sag dir mal was: Als du noch nicht so deutsch warst, hat mir die Streiterei wesentlich besser gefallen! Und damit du es weißt: Da hat mir auch unsere ganze Beziehung besser gefallen. Punkt.«

»Punkt?« Ich schluckte. War ich jetzt der Deutsche in unserer Zweierkonstellation? Zweifellos hatte sie sich von mir abgeschaut, wie man arabesk ausrastet und laut wird. Ja, ich gebe es zu, ich habe früher in Syrien Türen geschlagen, wenn ich etwas nicht zugeben wollte. Ja, ich habe Teller durch die Küche geworfen und ja, ich habe meinen Kopf theatralisch gegen die Wand gehämmert. Mehrmals. Und jetzt, hier und heute, ein paar Jahre später? Irgendwie waren unsere Rollen durcheinandergeraten. Konnte es sein, dass ich die sanfte Seite meiner Freundin angenommen habe, die …

»Jetzt sag endlich was, verdammt noch mal!«, schrie sie und stampfte mit den Füßen auf.

Ich sagte: »Erstens dachte ich, ich soll nicht reden, und zweitens muss doch wenigstens einer von uns der Vernünftige sein. Wenn beide …« Ich konnte aber den Satz nicht zu Ende bringen, schon kam die nächste Breitseite: »Und überhaupt, was heißt, wir hätten schon ewig nicht mehr gestritten? Hast du etwa jede … jede Streiterinnerung im Kalender eingetragen oder was!? Zeig mir mal deinen Kalender, komm, zeig!«

Sie versuchte, mir mein Smartphone aus der Hosentasche zu ziehen, was ich ganz schön sexy fand und dann aber auch wieder nicht. Denn ich hatte tatsächlich eine zehntägliche Erinnerung »Streiten« einprogrammiert, was ich ganz vernünftig fand.

Durch geschickte Körperdrehungen hielt ich sie auf Abstand, dabei sagte ich Sachen wie »Streiten ist wichtig, mein Schatz« und »Wir brauchen noch mehr Eskalation, dann ist es auch umso schöner, wenn wir uns wieder vertragen. Wir …«

»Du Idiot! Gib mir sofort dein Handy!«

»Ah, schon besser, viel besser!«, sagte ich und warf es aufs Bett. Sie stürzte sich darauf, und ich hechtete hinterher. So rauften wir auf dem Bett weiter, und es ging schon längst nicht mehr um mein Telefon.

Dann küsste sie mich plötzlich. Und gleich noch einmal. »War ich gut?«, fragte sie und bekam einen Lachanfall.

»Du warst fantastisch«, sagte ich und hakte die Erinnerung im Handy ab.

## Die lange Geschichte des Sohnes von sechzig Hunden und die kurze Geschichte des Schiris

Deutsche glauben an die Würze der Kürze, der Syrer … na ja, das Gegenteil. Viel hilft viel.

***Deutsch***

»He, Sie haben mir gerade den Parkplatz weggenommen!«

»Wer zu spät kommt, den bestraft das Leben.«

»Arschloch.«

*oder*

»Die Fahrausweise bitte!«

»Scheiße.«

Das sind Beispiele mit jeweils einem Wort. Des Weiteren gibt es wütende kurze Sätze mit zwei (»Leck mich!«) oder drei (»Halt die Schnauze!«) Wörtern.

Jetzt mal ehrlich: Macht es vielleicht Spaß, so zu streiten? Was die Deutschen als Schimpfwörter verwenden, sind doch nur Sackgassen, obendrein Sackgassen in Tempo-dreißig-Zonen. Leute, es fehlen der Drive und das Durchhaltevermögen! Diese Minimal-Beleidigungen[14] verkürzen einen anständigen Streit doch nur unnötig.

Ein syrischer Streit entspricht einem olympischen Boxkampf. Zwei Gegner stehen auf Basis festgelegter Regeln im

---

14 Wobei »Halt die Schnauze« eine auch für uns Syrer grenzwertige Ausnahme darstellt. Ist ja auch irgendwie Hund. Ansonsten klingen die angeblichen deutschen Beleidigungen in unseren Ohren wie Komplimente.

Ring, und die erste Regel besagt: Fight! Wer davonrennt, schweigt oder mit Sackgassenbeleidigungen antwortet, hat den Sport nicht verstanden. Unsere Beleidigungen sind fast körperlich spürbare Treffer, während ein deutsches Schimpfwort an mir einfach abrutscht, als hätte ich mich mit einer dicken Schicht Vaseline eingeschmiert (nur Englisch ist noch harmloser, dessen Treffer hinterlassen nicht einmal blaue Flecken).

***Syrisch***

»He, du hast mir gerade den Parkplatz weggenommen, du Hurensohn!«

»Wer zu spät kommt, den bestraft das Leben, Idiot!«

Ich stelle den Motor ab und steige aus: »Du machst jetzt die Fliege, hörst du, du Hundesohn, du aus einem Schneckenei geschlüpftes Verkehrshindernis!«

Auch der andere Typ steigt aus, lässt den Motor aber laufen, als sei er hier eh bald fertig: »Das ist mein verf****er Parkplatz, das steht da in den Asphalt geschrieben, und wenn du es nicht glaubst, dann frag deine verblödete Mutter, die weiß das, weil ich es ihr bei unserem letzten Date geflüstert habe. Hast du mich verstanden, du Sohn eines Mülleimers?«

»Ich kann dich nicht verstehen, du redest nämlich nur in Hundesprache, du hirnloser Sohn von sechzig Hunden, ach, von hundert Hunden[15]!«

---

15 Hinweis: Dem deutschen Ohr bleibt meist verborgen, dass der durchschnittliche Syrer große Angst vor Hunden hat, daher soll eine Beleidigung mit dem Kompositum »Hund-« besonders effektiv sein. Denkt man. Im Alltagsgebrauch jedoch ist »Hund-« ein unbedingt einzuhaltender Standard, sozusagen das Aufwärmen vor dem Spiel.

»Du Sohn von zweihundert Hunden! Zweihundert Hunde ohne Hirn und ohne Eier!«

»Tausend! Tausend ver****te Hunde haben dich gezeugt und nach der Geburt in einen verschimmelten Brunnen geworfen, du stinkender Sohn einer Hyäne!«

»Viertausend! Hyänen, meine ich. Du Sohn von viertausend Hy-«

Er verstummt. Ein Polizist klemmt dem Parkplatzdieb gerade einen Strafzettel unter den Scheibenwischer und kommt auf ihn zu. »Ist das Ihr Wagen?«

»Ja, warum, Sidi?«

»Lässt du immer den Motor laufen, wenn du parkst?«

»Aber ich parke doch gar nicht!«

»Ach so, warum stehst du dann in dieser Parklücke?«

»Ich wollte gerade wegfahren, da hat mich dieser Hurensohn, dieses Schneckenei daran gehindert und ich …«

»Moment, bist du nicht der Nachbar von Omar?«

»Ja, warum?«

»Dann bist du der mit der marinierten Lammkeule vom Grill?«

»Äh, ja.«

»Jungs, ihr geht jetzt mal schön einen Tee trinken!«

Wir schauen uns an.

»Na, gebt euch die Hand, wird's bald?« Er zückt seinen Strafzettelblock. Wir geben uns zögernd die Hand, und ich sage zum Parkplatzdieb: »Marinierte Lammkeule klingt gut. Ist das Rezept geheim, oder würdest du mir's verraten?«

Er grinst: »Du kommst am Freitag vorbei, und ich zeig dir, wie's geht!«

Eine solche Szene hätte sich übrigens auch unter guten Kumpels abspielen können. Eine saftige Beleidigung hier und da unterstreicht einfach den sportlichen Aspekt einer Freundschaft.

Richtig unsportlich beleidigt man ausgerechnet im Fußballstadion, in beiden Ländern. Während der deutsche ausfällige Fan droht, den wichtigsten Besitz des Schiedsrichters zu zerstören (»Wir wissen, wo dein Auto steht!«), zielt der syrische erhitzte Fan auf die Beleidigung der Person und deren Familie ab. Und anders als sonst sind sogar die syrischen Fans hier ziemlich unkreativ. Es geht im weitesten Sinne immer nur um die Schwester des Schiedsrichters und um seinen angeblichen Nebenjob als Zuhälter. Details erspare ich uns hier.

Als syrischer Fußballfan in Deutschland ist es gerade am Anfang sehr verwirrend – besonders dann, wenn du die Deutschen und ihre Vorliebe für Minimal-Beleidigungen kennst. Ich dachte lange, »Schiri« sei ein eigenes Schimpfwort.

## Von Fässern, Kirchen und Senf

Zum ersten Mal ist es mir als Gast in einer Gesprächsrunde der lokalen Tageszeitung aufgefallen. Die deutschen Teilnehmer, Lokalpolitiker und Journalisten, sprachen eigentlich ganz aufgeregt über das Thema »Integration«, erwähnten dabei aber komische andere Sachen: ein überlaufendes Fass, eine Kirche in einem Dorf, Senf, Mücken, Elefanten sowie herausgebrochene Kronen (da wurde ich als künftiger Zahnmediziner kurz hellhörig), gebundene Hände (was war gemeint, ein Gipsverband?), einen Tellerrand oder einen Ball, der flach gespielt wird.

Alles, was bei mir ankam, waren diese seltsamen Bilder. Bis ich darüber nachgedacht hatte, war das nächste Argument schon wieder abgehakt. Ich sprach fließend Alltagsdeutsch, war hier aber Null-Checker und vielleicht so etwas wie der Alibi-Flüchtling fürs spätere Pressefoto.

Mit meinem Zertifikat in der Hand hatte ich noch gedacht, ich wäre gesprächsrundensicher. Was ich dabei übersehen hatte: Konversation ist mehr als verbalisierte Information. Konversation ist auch Wortwahl, Sprechgebaren, Metapher und Redewendung. Ich war verunsichert.

Es ist deshalb essenziell, ein paar Redewendungen *auf der Pfanne zu haben*. Also Stifte raus und mitschreiben!

- »Ich denke, dass ...« sagen nur Fußballer und A1- bis C2-Sprachschüler. Wenn man seiner Aussage das nötige intellektuelle Schwergewicht verleihen will, benutzt man *»Meines Erachtens«*.
- »Meiner Meinung nach« ist schon besser als »Ich denke«, aber viel zu abgedroschen und entlarvt den Redner als Einfaltspinsel oder, genau, A1- bis B1-Sprachschüler. Bitte benutze *»Ich vertrete den Standpunkt«*, wenn du ernst genommen werden willst.
- »Ich finde das übertrieben«: Mit so einer Aussage kommt man schnell als der Beleidigte rüber. Auf neutralem Boden bewegt man sich mit *»Wir sollten die Kirche im Dorf las-*

*sen«*. Und an das Wir-Gefühl zu appellieren, wirkt immer gut.

Ebenfalls kennen sollte man:

- Da beißt die Maus keinen Faden ab
- So wird ein Schuh draus
- Der hat nicht mehr alle Tassen im Schrank
- Sein Herz auf der Zunge tragen
- Jemandem ins Wort fallen
- Da bleibt kein Auge trocken

Und unbedingt beachten: zwischendurch einfach mal »halt« einflechten. »Wir haben halt ein Problem mit der Bürokratie« klingt zum Beispiel locker-flockig aus der Hüfte geschossen, selbst wenn man den Satz zu Hause extra einstudiert hat. »Quasi« anstelle von »sozusagen« ist ab und zu eine erfrischende Abwechslung und bringt den politischen Gegner zum Nachdenken.

Einen Fehler darf man dabei aber nicht machen: eine Redewendung zu gebrauchen, über deren Aussage man sich nicht zu 100 % sicher ist.

»Moin, was geht ab?«, begrüßte mich mein Kumpel Olaf.

Ich erwiderte seinen Handschlag: »Tach, Digger. Bringen wir ein Fass zum Überlaufen?«

»Was meinst du? Bierchen trinken?«

»Leg halt nicht jedes Wort auf die Goldwaage. Meines Erachtens habe ich quasi einen Wahnsinnsdurst.«

Er stutzte: »Deines Erachtens? Alder, was is' los mit dir?«

»Mit mir? Lass mal die Kirche im Dorf!«

»Also los jetzt! Ein bis vier Biere dürften reichen, dass du wieder normal wirst, komm!«

Er rannte los, aber ich bewegte mich nicht von der Stelle. »Okay. Ich vertrete aber eher einen Standpunkt.«

»Hä?«

»Ich hoffe, die Kneipe ist gleich hier im Kiez, ich muss morgen früh raus.«

»Der frühe Vogel fängt den Wurm oder was?«

»Wurm? Was redest du, Habibi? Mach mal 'n Sprachkurs!«

## Zielgruppengerechtes Reden

Das obige Beispiel zeigt: Je nach Gesprächspartner – im Marketingsprech »Zielgruppe« – musst du aufpassen, wie du was sagst. Die Art, wie du sprichst, verrät viel über deine soziale Herkunft, deinen Bildungsstand, deine Kultur und Subkultur und deinen Respekt vor dem Gegenüber. Wie viel du davon preisgeben möchtest, entscheidet sich an deinem Sprechstil. Das ganze System ist sehr fein austariert, und es dauert lang, bis du, durch Fehler, gelernt hast. Es geht bei mir sogar so weit, dass ich ganz automatisch zwischen »normalen« Freunden und »besten« Freunden unterscheide, denn Letztere kennen meinen Humor in- und auswendig und können »zwischen den Zeilen lesen«. Das ist auf Arabisch nicht anders als auf Deutsch, aber auf Deutsch ist es besonders fies.

Hier ein grober Überblick über die stilistischen Feinheiten im Deutschen:

***Bester Kumpel***
»Lidl?«
»Yeah, Mann.«

***Bruder***
»Ich hau ab.«
»Essen?«

***Guter Kumpel***
»Hunger. Was is' mit dir?«
»Bin dabei.«

***Normaler Kumpel***
»Also, ich würd' jetzt was mampfen gehen. Gehste mit?«
»Gute Idee, an was denkst du?«

***Kommilitone***
»Ich zisch mal ab in die Mensa. Wie sieht's mit dir aus?«
»Ach, ja, warum nicht?«

***Eltern***
»Du weißt, dass ich dein Essen am allermeisten schätze, Mama, aber da drüben gibt's das beste Schawarma der Stadt – ladet ihr mich ein?«

»Natürlich, Abdul. Morgen kommst du aber zum Mittagessen vorbei, du bist ganz dünn geworden!«

***Journalist***
»Ihre ganzen Fragen haben mich hungrig gemacht. Sie haben doch sicher einen Budgetspielraum?«
»Na gut.«

***MdB***
»Also, was mich betrifft, ich könnte jetzt einen Happen vertragen.«
»Im Borchardt sind die Kalbsschnitzel vorzüglich.«

***Minister***
»Sosehr ich das anregende Gespräch mit Ihnen genieße und nur ungern unterbreche – mein Arzt sagt, ich solle an meinen Blutzuckerspiegel denken.«
»Sie können auch einfach sagen, dass Sie Hunger haben.«

***Bundeskanzlerin***
»Wenn ich die gerade aufgekeimte Gelegenheit einer Gesprächspause nutzen dürfte, möchte ich freundlichst anfragen, ob auch Sie, sehr geehrte Frau Dr. Merkel, einer zeitnahen Aktivierung Ihres Magens nicht abgeneigt wären?«
»Hoho, Sie gefallen mir.«

## Ein Deutschkurs für Deutsche

*Abdul.* Ich habe es mittlerweile echt aufgegeben, im Internet dumme Kommentare wegen ihrer Rechtschreibung, eher: Falschschreibung, zu kommentieren. Viel lukrativer wäre es, einfach einen Deutschkurs für Deutsche anzubieten. Ich glaube, ich könnte da echt was reißen.

Wir hatten Freunde zum Essen eingeladen, und deshalb stand ich mit Marie und unserer Freundin Lisa in der Küche. Wir probierten die halb fertigen Gerichte und staunten, wie gut das alles schon schmeckte, kurz, wir waren echt gut drauf. Bis Lisa den folgenschweren Satz sagte: »Wegen dem Dessert müssen wir noch mal schauen.«

Ich zuckte zusammen. »Wie bitte?« Das war alles, was mir dazu einfiel.

»Na, das Rezept verlangt Orangenlikör – siehst du hier welchen, Abdul?«

»Nein nein nein nein, das meinte ich nicht!«, platzte es aus mir heraus. »Ich meine ›wegen dem Dessert‹! ›Wegen *dem*‹.«

»Ach, *das* meinst du?« Sie ging ungerührt die Flaschen in der aus exotischen Mitbringseln und Resten von WG-Partys bestehenden Hausbar durch, und ich hatte den Eindruck, als hätte sie überhaupt nicht verstanden, was ich sagen wollte. »Mh, Limoncello! Das geht auch, oder?«

Ich sagte mit ironischem Unterton: »Wegen *dem* Orangenlikör musst du dir keine Sorgen machen, das schmeckt sicher viel besser mit Limondinsgda.«

Darauf sagte sie einfach nur: »Ja?«

Ich suchte fieberhaft nach einer Gegenfrage, die sie möglichst witzig auf ihren grammatikalischen Fauxpas hinweisen würde: »Ja. Wahrscheinlich schmeckt's mit Limon-Dativ noch besser?«

»Besser als was?«

»Besser als Limon-Genitiv.« Ich war kurz davor aufzugeben.

»Möchtest du mir etwas sagen?«, bohrte Lisa, Psychologiestudentin im zweiten Jahr Master, nach.

Ich wusste, wie in so einem Fall zu kontern war, nämlich rein sachlich: »Ja, möchte ich. Es heißt ›wegen *des*‹. ›Orangenlikör-*s*‹!«

»-s?«

»Ja, -s!«

»-s.«

Marie und ich schauten uns kurz an, und dann lachten wir drei uns kaputt. Japsend rief ich: »Nice try, Lisa! Du bist so witzig! ›Wegen *dem*‹, haha!«

Lisa hörte auf zu lachen. »Warum witzig? Ich bin überhaupt nicht witzig, Abdul. Willst du mich wieder mal verarschen?«

Für solche Zwecke hatte ich einige E-Ausgaben des Dudens auf meinem Smartphone gespeichert, zum Beispiel »Die Grammatik«, so brauchte ich mich auf keinerlei sinnlose Streiterei einzulassen. »Hier: Genitiv. Auf -s oder -es undsoweiter. Lies selbst.«

Sie nahm mein Telefon mit den Worten »Gibt's doch gar nicht« in die Hand und las sehr konzentriert den Artikel. Als sie am Ende angekommen war, fing sie noch einmal von vorne an.

Wenn selbst eine gute Freundin an meinen Deutschkenntnissen zweifelt, was ist dann mit »dem Mann oder der Frau auf der Straße«? Bekomme ich einen politischen Flyer in die Hand gedrückt, fallen mir sofort die Rechtschreibfehler auf.

»Entschundegum, was soll das hier heißen?«

Ich deute auf den fettgedruckten Slogan auf der Titelseite und halte ihn dem Bezirksvorsitzenden unter die Nase.

»Ach so, Sie sind kein Deutscher?«, lächelt er. »Ich helfe Ihnen, sehen Sie …«

Ich unterbreche ihn, indem ich einfach den Prospekt wegziehe und sage: »Nein, ich helfe *Ihnen*.«

Daraufhin bekommt man entweder einen fragenden oder einen wütenden Blick zurück – der Moment, in dem ich endlich zur Tat schreite! »Sei-T oder sei-D?«

Ach je, ich sehe schon, der arme Kerl hat keine Ahnung, um was es geht!

»Hier steht ›seit‹ mit T, gemeint ist aber – wenn ich mir die Satzkonstruktion so anschaue – die zweite Person Plural, also ›seid‹ mit D. Haben Sie denn niemanden, der Ihre Flyer Korrektur liest?«

»Ähm, doch, das macht …« Er dreht sich um und sucht einen Schuldigen, findet aber keinen. »Wo kommen Sie denn her?«, fragt er mich kleinlaut.

Ich sage: »Aus Syrien.«

Er sagt: »Sie können aber gut Deutsch.«

Ich sage: »Sie auch. Ein bisschen jedenfalls.«

## Aberglauben

Ob man's glaubt oder nicht: Die Sprache des Aberglaubens ist quer durch alle Kulturen ziemlich ähnlich. Die Ereignisse, die das Schicksal, angeblich, beeinflussen, hängen immer mit denselben Sachen zusammen: Leitern, Katzen, Eulen, Scherben und Scheren. Dem Schicksal kann man möglicherweise einen Streich spielen, wenn man weiß, wie. Für den Abergläubigen ist das Schicksal absolut humorlos, er kennt jedoch ein paar Tricks, um es zu beeinflussen.

Ein paar Beispiele:

- Eine Leiter lehnt an der Wand. Niemals, niemals, niemals durchgehen, sonst passiert ein Unglück! Und zwar kippt nicht einfach in bester Laurel-und-Hardy-Manier ein Eimer von der Leiter und taucht den Passanten von oben bis unten in weiße Farbe, nein, es geht in beiden Ländern natürlich um die existenziellste aller Fragen: Glück oder Unglück.
- Eine schwarze Katze läuft über die Straße. Da sich kein Mensch merken kann, ob ihre Laufrichtung *von rechts nach links* oder *von links nach rechts* nun das unvermeidbare Unglück anzieht, hat man in Syrien den Aberglauben auf zwei Parameter vereinfacht: 1) schwarze Katze und 2) Straße = unvermeidliches Unglück.
  Da die Syrer nicht unbedingt als die vorsichtigsten Autofahrer gelten, dürften solche Katzen, und somit das von ihnen ausgehende Unglück, keine großen Überlebenschancen haben.

- Der Eulenruf. Wenn er ertönt, dann sei irgendwo jemand gestorben. Da die Vogelart aber mittlerweile ziemlich selten geworden ist, die Leute aber weiterhin genauso oft sterben wie immer schon, sind die verbliebenen Eulen entweder echte Schreihälse oder am Aberglauben ist nix dran. Außerdem stellt sich die interessante Frage, was mit den Menschen passiert, wenn die Eulen durch Umweltverschmutzung aussterben, denkt mal drüber nach.
- Scherben, in Versicherungsdeutsch: Glasbruch. Eine syrische Versicherung müsste nun eine Prämie auszahlen, denn jeder weiß: ›Eine Gefahr ist vorbei‹. Eine deutsche Versicherung würde höchstens das Bild eines vierblättrigen Kleeblatts an die Bestätigungs-E-Mail der Schadensmeldung anhängen, denn hierzulande bringen Scherben lediglich nicht näher definiertes ›Glück‹.

Aber der Versicherungsnehmer müsste sich auf Rückfragen gefasst machen! Ist der zerbrochene Gegenstand nämlich ein Spiegel, dann würden die Beiträge eklatant in die Höhe schnellen – schließlich bedeutet das: sieben Jahre Pech.

Doch zum Glück berechnen Versicherungen weder hier noch da ihre Beiträge auf Basis von Aberglauben – die Böden wären von Scherben übersät!

Nun aber die interessantesten Fälle, die nur in jeweils einem Land gelten:

**Deutschland**

- Man muss versehentlich verschüttetes Salz über die linke Schulter werfen, dadurch neutralisiert sich der Fluch, der durch das Verschütten auf einem lastet.

- Man darf auf keinen Fall zu früh zum Geburtstag gratulieren. Wenn man also »in den Geburtstag reinfeiert«, muss penibel darauf geachtet werden, dass der Jubilar die Glückwunschkarten nicht vor Mitternacht liest!
- Man sollte mit dem rechten Fuß zuerst aus dem Bett aufstehen. Wer mit dem linken Fuß aufsteht, hat zwar tendenziell Glück, riskiert aber, je nachdem, auf welcher Seite des Bettes er liegt und je nach Fitnesslevel, einen Hexenschuss oder einen Sehnenriss und durchwachsenen Tag.

**Syrien**

- Wenn ein Kind mit der Schere spielt, dann lassen sich die Eltern scheiden. Starker Tobak! Sollte ein Kind trotz mehrfacher Hinweise weiterhin mit der Schere spielen, sollten seine Eltern definitiv einen Eheberater aufsuchen.
- Wenn Essen auf den Boden fällt, dann wird es ungenießbar. Grund: Der Teufel hat daran geleckt. Ich habe als Kind dreimal den Feldversuch gemacht und kann euch versichern: Es tauchten weder der Teufel auf noch seine Zunge. Das Essen bleibt einfach nur auf dem Boden liegen.
- Der Name einer schlimmen Krankheit ist tabu, er darf nicht ausgesprochen werden. Als Medizinstudent hatte ich deswegen schon schlaflose Nächte!

»Und, Herr Doktor, sagen Sie es, wie es ist. Sie müssen mich nicht schonen! Wissen Sie, warum es mir so schlecht geht?«

»Nun, ich möchte nicht lange drum herumreden. Ihre Diagnose ist eindeutig.«

»Ja?«

»Ja, zu 99,9% eindeutig.«

Dem Patient steigen Tränen in die Augen: »Und man kann nichts machen?«

»Ich denke schon, doch.«

Der Patient rutscht auf seinem Stuhl nach vorn und beginnt ein wenig zu lächeln. »Dann kann ich geheilt werden?«

»Nein.«

Der Patient sinkt in sich zusammen.

Arzt: »Wissen Sie, wer nicht krank ist, braucht nicht geheilt zu werden.«

»Aber ich dachte, Sie ...«

»Nicht *Sie* sollen denken, sondern ich als Ihr Hausarzt!«

»Aber warum sagen Sie denn nichts?«

»Aber ich *habe* doch nichts gesagt!«

»Ja, das ist ja das Problem!«

»Wollen Sie nun, dass ich etwas sage oder dass ich nichts sage?«

»Ich will, dass Sie es mir so sagen, dass ich es verstehe. Es gibt Regeln, Herr Doktor!«

»Sie haben ja schon die falsche Frage gestellt!«

»Ach so, nun bin *ich* schuld!? Ich sage Ihnen was: Ich suche mir einen Arzt, bei dem ich auch mal krank sein darf!«

# Miteinander warten

## Behördliche Erbsenzählerei

*Allaa.* Kreidebleich stand ich auf der Herrentoilette der Ausländerbehörde vor dem Spiegel und übte einen Mitleid erregenden Gesichtsausdruck. So? Oder eher so? Haare bisschen verstrubbeln, das sollte reichen! Also: Geh jetzt raus, um die nächste Ecke zum Busbahnhof, und in einer halben Stunde hast du, was du brauchst.

Super peinlich war mir die Angelegenheit – aber ich war echt geladen, das könnt ihr mir glauben! Wen würde ich als Erstes ansprechen, wer hätte auf Anhieb Mitleid mit mir, und welche Story müsste ich auspacken?

Die Wahrheit zu erklären dauerte einfach viel zu lang, also recycelte ich die Bus-Story, mit der ich selbst schon ein paarmal rumgekriegt worden war: »Entschuldigung, haben Sie vielleicht einen Euro für mich, ich will nicht schwarzfahren und…« Die ältere Dame mit der Einkaufstasche zückte ohne zu zögern ihr Portemonnaie und drückte mir einen Euro in die Hand. »Sie sehen nett aus, junger Mann.« Ich war baff. So einfach war das? Ein Typ in meinem Alter kam um die Ecke gebogen, Türke oder vielleicht auch Syrer, ganz gut gekleidet. »Hey, Habibi, kannst du mir mit 'nem Euro aushelfen vielleicht?« Er blieb stehen, kramte in seiner Hosentasche und hielt mir einen Fünf-Euro-Schein hin: »Reicht das?« Ich sagte: »Stabil, Brudi, danke!« und dachte, dass wir uns die Hand gäben und tschüss. Nein, er fragte mich: »Hey, ich geh zum Essen. Ich lad dich ein! Was hältst du davon?« Ich weiß, das klingt übertrieben, aber genau so ist das passiert. Meine Lippen formten schon ein »Ja«, als mir einfiel, warum ich eigentlich hier war!

Mit dem Fünfer in der Hand stürmte ich zurück in die Behörde, direkt an den Platz meines Sachbearbeiters. Ich legte den Schein auf den Schreibtisch und wartete mit verschränkten Armen auf seine Reaktion. Nach ein paar Sekunden sagte ich: »Das wären dann 8.003 Euro, wenn ich mich nicht verrechnet habe.« Und dann fiel mir der eine Euro noch ein, den ich als Erstes erschnorrt hatte! »8.004«, sagte ich und legte das Geldstück auf den Schein.

Mein Sachbearbeiter grinste: »Alles klar, Herr Faham. Wie ham Sie das denn so schnell hingekriegt?«

»Die Bus-Story. Schwarzfahren und so. Laber, laber.«

Er lachte. »Ja, die Wahrheit wäre wohl ein bisschen umständlich zu erklären.«

Die Wahrheit war: Als Student musst du einmal im Jahr einen Betrag von 8.000 Euro nachweisen können. Die leiht man sich eben von Freunden oder Geschwistern – für einen Tag. Da bei mir gestern wohl ein paar Sachen abgebucht worden waren, belief sich mein aktueller Kontostand auf nur noch 7.997 Euro. Das Amt hatte nun natürlich Sorge, dass ich am Ende des Jahres wegen fehlender drei Euro verhungern würde. Klar konnten die mir meinen Aufenthalt so nicht bewilligen, versteh ich doch, man will schließlich kein

Menschenleben auf dem Gewissen haben. Aber erklär das mal den Passanten auf der Straße!

»Haste ma 8.000 Euro? Kriegste übermorgen wieder, okay?«

## Zeit, Zahlen, Perfektion und Bürokratie

*Abdul.* Deutschland hat, was meine Unbekümmertheit anbelangt, einen sehr schlechten Einfluss auf mich. Seit ich hier bin, merke ich nämlich, wie kurz das Leben tatsächlich ist. Ein Blick in den Kalender[16] zeigt mir deutlich und unübersehbar, dass von den 365 Tagen dieses Jahres jetzt im Februar schon vierzig vergeben sind. Hallo Depression! Schon klar: Diese vierzig Tage gehören ja auch zu meinem Leben, aber ich kann nicht mehr frei über sie verfügen, sie sind sozusagen weg. Und wer sich dieser Tatsache ständig bewusst ist, der leidet unter dem, was ich mal mit der versehentlichen Wortschöpfung *Lebensdruck* beschrieben habe. Für mich als Kind bedeutete *Freiheit* zum Beispiel die Freiheit, das zu tun, auf was ich spontan Lust habe. Und zwar jetzt und gleich. Setzt es euch nicht unter Druck, wenn ihr mit jedem Kalendereintrag eure frei verfügbare Zeit immer weiter minimiert?

Oder leben die Deutschen in einem fein austarierten Freiheitssystem, in welchem sie ein Geflecht verschiedenster Definitionen von *Freiheit* immer im Gleichgewicht halten?

---

16 Allein meine Verwendung eines Kalenders quittieren arabische Freunde mit Tränenlachen.

*Zeitfreiheit* wiegt zum Beispiel *finanzielle Freiheit* auf oder *Selbstverwirklichungsfreiheit* und umgekehrt?

Ein Jahr in Deutschland ist nur halb so lang wie ein Jahr in Syrien, glaubt mir! Und Allaa und ich haben uns schon oft die Frage gestellt, warum eigentlich. Die naheliegende Antwort lautet: Zahlen und Bürokratie.

Bürokratie ist nur ein anderes Wort für verkomplizierte Organisation, und die verschlingt richtig viel Zeit. Hier ein grober Vergleich beider Länder, wie es abläuft, wenn uns jemand für einen Auftritt bucht:

***Syrien***

*Facebooknachricht von ›Hasan‹:* Hey Abdul, habt ihr am Freitag Zeit aufzutreten? Wird cool! ;)

*Ich:* Welcher Hasan?

*Hasan:* OK, danke, ich erstelle eine Facebookveranstaltung. Ich hoffe, ihr teilt die überall :) :) :) :)

*Ich:* Moment, wo denn überhaupt?

*Hasan: … hat dich eingeladen, folgende Veranstaltung mit »Gefällt mir« zu markieren: GLS …*

***Deutschland***

*Von: D.I.T.*[1]*, Datum: 08.08.2017, an: Abdul:*

Guten Tag, sehr geehrter Herr Abassi! Wir wären an einem Auftritt von »GLS« im Rahmen der Jubiläumsfeier des deutschen Integrationstages **17.–19. April 2020** in Düsseldorf interessiert. Der genaue Termin würde bei unserem

1 Dies ist eine fiktive Einrichtung. Sollte sie bis zur Drucklegung tatsächlich existent sein, möchten wir uns bereits jetzt für den ausgedachten Dialog entschuldigen.

Planungsmeeting am 2.2.18 erörtert werden. Bitte teilen Sie uns alsbald möglich mit, ob Sie Interesse haben und wie sich die Rahmenbedingungen gestalten.

Vielen Dank, mit freundlichen Grüßen,
i. A. Brunner

*Von: Abdul, Datum: 08.08.2017, an: D.I.T., cc: Allaa, Nina:*
Vielen Dank für Ihre Anfrage, ich leite Ihr Anliegen gerne an unser Management weiter. Es würde uns freuen, bei Ihrer Veranstaltung dabei zu sein.

Viele Grüße,
Abdul Abbasi

*Von: Nina (Management GLS), Datum: 09.08.2017, an: D.I.T., cc: Allaa, Abdul:*
Sehr geehrte Damen und Herren, sehr geehrte/r Herr/Frau Brunner, vielen Dank für Ihre Anfrage, über die wir uns besonders gefreut haben, da wir Ihre Arbeit sehr schätzen. Gerne blockiere ich GLS für das genannte Zeitfenster. Im Anhang finden Sie den Technical Rider, wegen der Gage lassen Sie uns am besten nächste Woche telefonieren.

Herzliche Grüße,
Nina Taubenreuther

*Von: D.I.T., Datum: 21.08.2017, an: Nina, cc: Abdul, Allaa:*
Liebe Frau Taubenreuther, vielen Dank für Ihre prompte Rückmeldung. Nächste Woche wäre am Mittwoch zwischen 8:00 und 9:30 Uhr ein Telefonat möglich, passt Ihnen das auch?

Wegen der technischen Anforderungen wird Sie in den

nächsten Tagen die Firma »B&B Showtechnik« kontaktieren, der technische Leiter Herr Kammermeyer hat noch ein paar Fragen bzgl. der Lichtvorgaben.

Ich verbleibe mit freundlichen Grüßen,

Peter Rudolf, D.I.T.

*Von: B&B Showtechnik, Datum 24.08.2017, an: D.I.T., cc: Ordnungsamt Düsseldorf, cc: Nina, cc: Abdul, Allaa:*
Sehr geehrte Damen und Herren, betreffend die Veranstaltung 17.–19.4.2020 in der Rheinhalle Düsseldorf noch ein paar Fragen vorab. In Ihrem Technical Rider ist von der Bereitstellung einer »dem Veranstaltungsort angemessenen Menge und Stärke der Bühnenbeleuchtung« die Rede. Ausgehend von Größe der Bühne und zulässigem Fassungsvermögen und in Kenntnis des Veranstaltungsortes gehen wir derzeit von einer Gesamtlichtstärke von 125 000 000 $cd/m^2$ aus, was einer Gesamtleistung von 2100W entspräche. Frage: Wir würden ungern am Licht sparen, noch weniger jedoch an der Qualität der eingespielten Medien. Sollte die feuerpolizeilich unbedenkliche Belastung von <3500W nicht gegeben sein, wenn der Beamer mit der m.E. erforderlichen Leistung von 12 000 ANSI-Lumen/2400W zusätzlich am Steuerstromkreis des Bühnenlichts angeschlossen wird, müsste höchstwahrscheinlich ein gesonderter Stromkreis gelegt werden, gäbe es dafür ein Budget (die Kosten hierzu bitte ich Sie mit Herrn Bauer, Durchwahl -211, zu erörtern)?

Wir freuen uns auf die technische Durchführung Ihres Events, mit freundlichen Grüßen,

Vinzent Kammermeyer (Dipl.Ing. FH)

*Von: Ordnungsamt Düsseldorf, Datum: 09.10.2017, an: D.I.T., cc: B&B Showtechnik, cc: Nina, cc: Abdul, Allaa:*
Sehr geehrte Damen und Herren, vielen Dank für die Anmeldung Ihrer Veranstaltung. Im Anhang finden Sie das Formular OAöV44, welches Sie bitte in zweifacher Ausführung unterschrieben an das Ordnungsamt Düsseldorf, Zi. 14, Postfach 498, 40210 Düsseldorf zurückschicken. Binnen 14 Tagen erhalten Sie Bescheid, ob die Voraussetzungen für die Durchführung einer öffentlichen Veranstaltung im Rahmen der im Anhang bezeichneten Rechtsgrundlage gegeben sind. Die Kosten für den Antrag werden Ihnen gesondert mitgeteilt.

Dies ist ein automatisch erstelltes Schreiben.

*Von: Ordnungsamt Düsseldorf Gruber, Datum: 14.12.2017, an: B&B Showtechnik, cc: D.I.T., cc: Nina, cc: Abdul, Allaa:*
Sehr geehrte Damen und Herren, lieber Herr Kammermeyer, leider muss ich Ihnen mitteilen, dass die feuerpolizeilichen Voraussetzungen es uns nicht ermöglichen, Ihnen die Durchführung der Veranstaltung nach Prüfung der von Ihnen in der Anmeldung bereitgestellten Daten zu gestatten.

Hochachtungsvoll,
Herbert Gruber

*Von: B&B Showtechnik, Datum: 05.01.2018, an: Ordnungsamt Düsseldorf Gruber, cc: Feuerwehr Düsseldorf, cc: D.I.T., cc: Nina, cc: Abdul, Allaa:*
Lieber Herbert, lieber Tim,

was müssten wir denn ändern, um den Anforderungen zu entsprechen? Ich habe mir den Hallenplan mal angeschaut, können wir vom Stromkreis B4 nicht die erforderlichen 2500W abzweigen? Das müsste doch gehen.

Schöne Grüße, Vinci

*Von: Ordnungsamt Düsseldorf Gruber, Datum: 05.01.2018, an: B&B Showtechnik, cc: Feuerwehr Düsseldorf, cc: D.I.T., cc: Nina, cc: Abdul, Allaa:*
Hallo tim, hallo vinci, habe den plan gerade nicht vorliegen, aber wenn tim sein ok gibt dann bekommt ihr natürlich die genehmigung.

grüße, h

*Von: Feuerwehr Düsseldorf, Datum: 05.01.2018, an: Ordnungsamt Düsseldorf Gruber, cc: B&B Showtechnik, cc: D.I.T., cc: Nina, cc: Abdul, Allaa:*
Lieber Herbert, unser OK geht natürlich klar, das haben wir die letzten 20 Veranstaltungen auch so gehandhabt. Wir wissen ja alle, dass sowieso nix passieren könnte:) Da ist noch vieeel Luft nach oben!

VG, Tim

P. S.: Vinci, gibt's 'ne Gästeliste?

*Von: B&B Showtechnik, Datum: 09.01.2018, an: D.I.T., cc: Nina, cc: Abdul, Allaa:*
Sehr geehrte Damen und Herren, die Fragen bzgl. der Beleuchtungstechnik sind geklärt, nur noch eine kurze Frage zur Tontechnik …

Und so zieht das Leben dahin. Auch wenn zwischen einer Orga-Mail und ihrer Beantwortung Tage, Monate, Jahre liegen können, im Kopf ist man doch ständig mit dem Thema beschäftigt. Vor allem bei amtlichen Benachrichtigungen kann man nächtelang darüber grübeln, ob nun A gemeint sein kann oder B. Oder vielleicht sogar C. Dass das obige Beispiel so abgelaufen ist, ist reiner Zufall. Wenn einer der Beteiligten *Dipl. Erbsenz. (univ.)* gewesen wäre, dann würde die Genehmigung vielleicht auch erst im März 2020 erteilt werden.

Möglich, dass viele Deutsche immer noch an ihr Image der unfehlbaren Maschine glauben, ich persönlich glaube ja fest an das menschliche Ideal des Aus-Fehlern-Lernens. Ich bin mir sogar sicher, dass Fehler so notwendig sind, dass man extra welche herausfordern muss, falls man selbst zu wenige macht. Deshalb »bauen« alle oder die allermeisten Jugendlichen »viel Scheiße«, es steckt einem in den Genen, man kann gar nichts dagegen machen. Vielmehr fühlt es sich mit 14, 15 oder 16 (oder 17) total richtig an, das Falsche zu tun. Dazu gehört natürlich auch, einfach mal die Schule zu schwänzen oder aus dem Unterricht abzuhauen – es ist paradox, aber die unbezahlbare Lektion, die Konsequenzen dieses »Fehlers« auf sich zu nehmen, steht in keinem Lehrplan, nicht in Syrien und nicht in Deutschland.

## Zeitwahrnehmung Syrien vs. Deutschland

*Allaa.* Einen Großteil der Freizeit in der achten Klasse verbrachte ich damit, mir pubertär bedingte Gedanken über die Zeit zu machen. Die Welt um mich herum war so konkret, aus Stein und Beton, aus Regeln und Verboten, dass es mir guttat, über das Nichtstoffliche, von Menschen erdachte und trotzdem – oder gerade deswegen – paradoxe Konzept der Messbarkeit von Vergänglichkeit zu sinnieren. Allein das Wörtchen »jetzt«. Welchen Zeitpunkt meinte der Lehrer mit »ab jetzt«? Das J oder das ZT? Und dann die hexadezimalen Einheiten unserer Uhr! 60! 24! Wie zum Teufel sollte man ausrechnen, wie viele Minuten zwischen 11:45 Uhr und 13:10 Uhr vergangen waren? 1.310 minus 1.145, das ergab keinen Sinn! Denn 11:45 Uhr plus 165 Minuten, das wäre 14:30 Uhr! Wer hat sich das ausgedacht? Es steckte doch Absicht dahinter – oder ein kabbalistisches Mysterium!

Reine Hypothesen, das war mir bewusst. Ein praktisches Experiment sollte die Theorie bestätigen, also wartete ich auf den Schulbus. An einem Tag schlief ich sehr lang, frühstückte ausgiebig und schlurfte betont träge zur Haltestelle. Ich kam zu spät zum Unterricht und bekam eine Strafaufgabe aufgebrummt.

Am anderen Tag stand ich mit dem ersten Sonnenstrahl auf, stürzte ein Glas Orangensaft hinunter und rannte zum Bus. Ich stand vor verschlossenen Schultüren, legte mich auf eine Bank im angrenzenden Park und schlief prompt wieder ein. Weil ich zu spät kam, bekam ich eine Strafaufgabe aufgebrummt.

Am dritten Versuchstag nahm ich nicht den ersten, sondern den zweiten Bus, der anhielt. Dummerweise lief ich drinnen Amir Qasem direkt in die Arme, der mich nicht leiden konnte und mir eine verpasste. Ich kam zwar diesmal nicht zu spät zur Schule, aber weil ich nicht petzen wollte, wer für mein Veilchen verantwortlich war, bekam ich eine Strafaufgabe aufgebrummt.

Am Nachmittag saß ich bedrückt in meinem Zimmer und wertete die Ergebnisse aus. Ich konnte es drehen und wenden, wie ich wollte: Der Lauf der Zeit war einfach nicht zu besiegen!

Und genau dieses Wissen machen sich auch die Verkehrsbetriebe aller syrischen Großstädte, die Staatsbahn und die Überlandbusse zunutze! Egal wann man von zu Hause losgeht und egal wie eilig man es hat, die Zeit erlaubt dem Fahrgast nur zwei binäre Möglichkeiten: Entweder man kommt pünktlich oder man kommt zu spät.

## Meldebehördetermin verpasst

*Allaa.* Letzten Montag musste ich zusammen mit Cousin Ashraf zur Meldebehörde. Ich sah schon an der fahrigen Art, wie er sein Tram-Ticket gestempelt hatte und nun den Liftschalter drückte, dass er auf Kohlen saß. Das machte mich wiederum wahnsinnig.

»Hey, Mann, was' los? Du machst mich ganz kirre mit deiner Hektik!«[17]

Er verzog keine Miene. »Kann sein, Mann. Kann sein.« Er redete wie einer, der einen Zahnstocher im Mundwinkel klemmen hat.

---

17 Die folgenden Dialoge zwischen Cousin Ashraf und mir fanden auf Arabisch statt – Deutsch konnten wir ja noch nicht.

»Was soll das heißen? Red' mal deutlich, ist ja nicht auszuhalten!«

»Wir erledigen das hier«, zischte er, »und dann hauen wir wieder ab.« Er starrte dabei demonstrativ an mir vorbei, so abweisend kannte ich ihn nur in einer Situation: wenn er Stress mit seiner Freundin hatte.

»Alter, hast du Stress mit Manuela?«, lachte ich.

»Kann sein, Mann. Kann sein«, meinte er wieder und schob seinen massigen Körper durch die sich öffnende Lifttür. Ich lief ihm einfach hinterher und würde ihm nicht weiter auf die Nerven gehen, meine Wartenummer ziehen und ab dafür.

Er hatte die 433, ich die 435 gezogen. Jetzt mussten wir nur den zeitlichen Abstand zwischen den nächsten fünfzehn aufgerufenen Zahlen mit dem Handy stoppen, dann konnten wir ziemlich genau sagen, wann unsere Nummern dran wären. Wir kamen beide auf circa vier Stunden.

Ich schlug einen kleinen Stadtbummel vor und vielleicht einen Kaffee. Mein Handy würde uns in dreieinhalb Stunden daran erinnern, den Rückweg anzutreten. Cousin Ashraf schüttelte knapp den Kopf: »Ich hab 'nen Termin. Wir treffen uns hier um drei, okay?« Und schon war er weg. Ich schickte ihm eine SMS hinterher: ›Stell dir den Wecker!‹, bekam aber keine Antwort.

Das war kein gutes Zeichen! Wenn er sich mit Manuela in ihrer Mittagspause zoffte, dann würde er nicht nur die Achtung vor sich selbst, sondern auch die Zeit vergessen. Hoffentlich würde er nicht wieder auf den Knien durch das Café … Ich erspare euch die Details. Jedenfalls konnte er sich so reinsteigern, dass er alles um sich herum ausblendete.

So musste das auch heute gewesen sein, denn die vier Stunden waren in genau einer Minute um, und keine Spur von Cousin Ashraf. Auf der Wartenummernanzeige rutschte gerade die 430 ins Bild, es konnte sich nur um Minuten handeln, bis wir aufgerufen würden! Ich fuhr mit dem Lift nach unten, um zu sehen, ob er vielleicht vor der Tür auf mich wartete – das tat er nicht, dafür kam er in genau diesem Moment um die Häuserecke gebogen.

»Alter, wir sind dran! Wir sind zu spät! Wir werden ausgewiesen!«

Ich packte ihn am Arm und zog ihn wie einen Zombie in das Foyer der Meldebehörde. »Du wirst ausgewiesen, Mann, ist dir das klar?«

Er sagte dazu nichts, er versuchte nicht mal, meinen Griff abzuschütteln.

Als wir aus dem Fahrstuhl stiegen, konnte man am unteren Rand des Bildschirms gerade noch sehen, dass die 433 an Tisch 7 gerufen worden war, aber schon beim nächsten Augenzwinkern war auch diese Info verschwunden. Wir rannten zu Tisch 7 und schrien: »No! Don't! Don't!« und wedelten hochdramatisch mit unseren papierenen Wartenummern. Natürlich saß an Tisch 7 bereits der nächste Besucher, der wahrscheinlich genauso wenig Deutsch konnte wie wir.

Wir versuchten die Sachbearbeiterin zu beschwichtigen: »Five minutes! Only five minutes! No!!« und fuchtelten mit unseren Handys vor ihrer Nase herum. Das Ganze ging ungefähr zwei oder drei Minuten, bis mir bewusst wurde, dass meine Wartenummer durch dieses Manöver ja auch längst durch war! Wir waren in Panik, anders kann man das gar nicht sagen. Je mehr die Beamtin nun versuchte, uns etwas klarzumachen, desto verzweifelter wurden wir. Als sie auf den Monitor zeigte und uns mit Händen und Füßen bedeutete, uns wieder hinzusetzen, dachten wir, dass sie damit sagen wollte: »Das hier ist Deutschland! Und ihr seid zu spät, ihr Penner! Neue Nummer ziehen und Klappe halten, sonst sage ich das A-Wort!« In Wirklichkeit wollte sie uns natürlich sagen: »Bitte setzen Sie sich, Ihre Nummern werden gleich noch einmal aufgerufen, keine Sorge!« Echt lieb, wir mögen euch so gern. Ehrlich!

Mir hat mal jemand erzählt, dass in den Meldebehörden angeblich ausschließlich Beamte aus Bundesländern arbeiten, die für ihre Geduld und ihren unkaputtbaren Humor bekannt sind, also Rheinländer. Grantige Bayern, meckernde Sachsen oder Is-mir-egal-Berliner müssten sich gar nicht erst auf die A6-Stelle bewerben. Was ich ganz schön rassistisch finde.

## ÖPNV

*Abdul.* »Abdul, Abdul, wach auf, wach auf!«

Jemand rüttelte mich, ich wollte die kalte, nasse Hand wegschieben, doch sie hielt mich fest – ich öffnete die Augen. Über mir Samirs Gesicht.

»Abdul«, sagte er. »Das ist so krass in Deutschland!«

»*Das* ist nicht krass. Deutschland ist krass«, antwortete ich im Halbschlaf.

»Wusstest du, dass hier die Stunden Minuten haben?«

»Deshalb muss man hier jede Minute Schlaf genießen.«

»Es gibt vier Viertelstunden. Also vier verschiedene.«

»Jetzt nur noch drei. Eine hast du verlabert.«

»Eine Stunde hat hier sechzig Minuten, und die Deutschen kennen jede einzelne Minute von jeder Stunde.« Er zog mir die Bettdecke weg und starrte mich ernst an.

Ich setzte mich mühsam auf und warf einen Blick auf meinen Wecker. Es war Viertel nach vier. Samir sprach aufgeregt weiter, raufte sich dabei die Haare.

»Viertelstunden ja, das sind vier, pro Stunde vier Viertelstunden. Klar. Reicht. Aber sechzig Minuten! Wer braucht so viele Minuten? Wofür? Wofür?« Wieder fuhr er sich mit der Hand durch die Haare. »Hör mal, Abdul, da sagt doch dieser Typ zu mir: ›Der nächste Bus geht um 23 Uhr 58‹. 24 Uhr reicht doch auch, oder? Wo ist der Unterschied?«

Wir schwiegen, ich vor Müdigkeit, Samir in Gedanken versunken.

»Die Stunden sind hier komplett vollgepackt mit diesen Scheißminuten. Das stresst total.«

»Das ergibt keinen Sinn«, meinte ich.

»Nein«, sagte er. »Es ist rätselhaft. Wie bei Alice im Wunderland.«

Am nächsten Tag erwischte ich mich dabei, wie ich in der Lerngruppe aufsprang und rief: »Es ist 17 Uhr 42, ich muss los, der Bus!« Sofort sprangen auch meine Kommilitonen auf, reckten sich über den Lerntisch und packten meine Sachen in den Rucksack. ›I feel you, bro‹, sagten ihre Blicke. Nur deine deutschen und seutschen Freunde können verstehen, wie traurig und krass es ist, wenn du den Bus verpasst. Ich schnappte mir meinen Rucksack und rannte los.

Als ich die Haltestelle erreichte, stand der Bus zum Glück noch da. Während ich noch rannte, schaute ich dem Fahrer in die Augen und er mir. Doch die Tür schloss sich gnadenlos. Ich kannte das schon: Die Fahrer mögen es gar nicht, wenn man sich egoistisch gegen ihre Hydraulik und ihren Fahrplan stemmte. Irrte ich oder grinste er, grinste, als ob er gerade einen Megawitz gebracht hatte? Er zog die Sonnenbrille ins Gesicht und deutete in Richtung Haltestelle. Ich schaute hin, eine riesige Uhr mit Zeigern und allem altmodischen Schnickschnack. 18:00:15 – echt jetzt? Mit einem coolen Move, die flache Hand lässig aufs Lenkrad gelegt, stieg er aufs Gas und fuhr davon. Ich war fünfzehn Sekunden zu spät. Das lag daran, dass ich immer noch nicht gelernt hatte, wie ein Deutscher den Rucksack zu packen. Selbst mit der Hilfe von vielen flinken deutschen Händen war ich noch zu langsam. Vielleicht war der Trick, dass meine deutschen Freunde ihre Rucksäcke schon so auspackten und ihre Sachen so verteilten, dass sie später mit nur einer Bewegung wieder verstaut waren. Sigg-Flasche, Block, Handy, Laptop, Sonnenbrille, dickes medizinisches Buch, Taschentücher, Geldbeutel, Augentropfen und Jack-Wolfskin-Fleecejacke – mit einer Handbewegung landete alles wieder im Rucksack.

»Also, das ist doch unmöglich!«, beschwerte sich eine ältere Dame. Und sagte dann: »Keine Sorge, junger Mann. Der nächste Bus kommt ja in acht Minuten.« Sie zeigte auf die digitale Anzeige. Die alte Frau und ich und jeder andere auch kamen gegen das Diktat sekundengenauer Fahrpläne und dessen Exekutive, dem Busfahrer, nicht an. 18:00 Uhr ist 18:00 Uhr und nicht 18:00:15 Uhr. Schließende Türen um 17:04 Uhr sind schließende Türen um 17:04 Uhr und nicht um 17:04:02 Uhr. Das stresst und beruhigt zugleich, denn es bedeutet: Vor dem deutschen Busfahrer sind alle gleich. Schweigend setzten die alte Dame und ich uns auf die Drahtbänke und warteten gemeinsam exakt 428 Sekunden auf den nächsten Bus.

# Erlaubtes und Verbotenes

## Wenn die Eltern vorsprechen müssen

*Allaa.* Es war im Jahr 2009 in Idlib, als ich einen Brief mit nach Hause bekam. Eltern oder ein Elternteil sollen sich (kein ›bitte‹!) wegen meiner wiederholten Frechheiten in der Schule beim Direktor einfinden, und zwar in einer Woche. Das war heute.

Der Gong hatte gerade zur ersten Runde des Nachmittagsunterrichts geläutet, doch wir standen schon seit fünf Minuten nervös vor der Direktoratstür. Ich hatte, ganz gegen meine Gewohnheit, begonnen, den Nagel meines kleinen Fingers anzuknabbern, was bei meiner Mutter nie gut ankam. »Tut mir leid, Mama«, sagte ich demütig in genau dem Augenblick, als sich die Tür öffnete und uns der Schuldirektor, ein älterer grauhaariger Mann mit ständig sorgenvoller Miene, hineinbat.

»Frau Faham, bitte nehmen Sie Platz. Allaa, du bleibst dort stehen. Sie wissen, worum es geht?«

»Äh, ja.«

»Er hat Sie also informiert?« Der Direktor schaute mich – wie ich meine, verächtlich – an und fragte: »Hast du ihr alles erzählt?«

Ich schüttelte den Kopf.

»So, dann fasse ich mal kurz zusammen.« Er räusperte sich und schlug ein Dossier auf, das er auf dem Schreibtisch bereitgelegt hatte. »Anfang April eine Meldung über ungebührliches Benehmen im Unterricht, nicht weiter spezifiziert.«

Ich rief: »Das stimmt nicht! Da habe ich …«

Der Direktor klatschte die Mappe auf den Tisch und brüllte: »Habe ich dich etwas gefragt, Faham?« Zur Beruhigung fuhr er sich mit der Hand durch die Haare und las weiter: »Entschuldigen Sie. Mitte April warf er einen nassen Tafelschwamm durchs Klassenzimmer und verfehlte meine Kollegin, die verehrte Frau Dr. Saada, nur um Haaresbreite.« Er machte eine Pause, sah kurz auf und atmete tief durch. Etwas zu theatralisch für meinen Geschmack, aber was soll's. »Eine Woche später, am 22. April, beantwortete er jede einzelne Frage im Physikunterricht mit › $E = mc^2$ ‹[18], circa fünfundzwanzig Mal. Kindisch.« Er klang zunehmend sauer. »Anfang Mai in einer Woche gleich drei Mal die Weigerung, an die Tafel zu kommen, angeblich aus gesundheitlichen Gründen. Welche genau, sagte er nicht, vielleicht wissen Sie mehr, Frau Faham?«

»Nein.«

»Dann diverse Flüche und Schimpfworte gegen Klassenkameraden und Lehrpersonal auf dem Schulhof. Unflätige Frechheiten …«, mit diesen Worten klappte er das Dossier zu und tätschelte es zärtlich, »die ich Ihnen gerne ersparen würde, Frau Faham.«

---

18 Diese knappe, rätselhafte Gleichung, die irgendwas mit Relativitätstheorie zu tun hat, soll Bildung und Hochbegabung ausdrücken. In Wirklichkeit ist sie aus dem Mund eines Schülers natürlich nur leeres Gewäsch.

»Und was, verehrter Herr Direktor, soll ich Ihrer Meinung nach unternehmen?«

»Nun«, er knackste mit den Fingern, »vielleicht täte es ihm ganz gut, zwei Monate kein Taschengeld zu bekommen. Und ab und zu eine Ohrfeige *soll* angeblich Wunder wirken.«

»Gut, danke für Ihre Offenheit. Entschuldigen Sie das Verhalten meines Sohnes, ich verstehe nicht, was gerade mit ihm los ist. Ma'as-salaama. Komm, Allaa!«

Sie zog mich wie einen trotzigen Vierjährigen aus dem Zimmer, durch den Gang, die Treppe hinunter und raus auf die Straße hinter die Mauer, wo sie sich das Kopftuch herunterriss.

»Hast du ne Zigarette?«

Ich schüttelte den Kopf.

»›$E=mc^2$‹, ich dachte, ich kann nich' mehr. Ich hatte vor lauter Verkneifen Tränen in den Augen, das kam echt gut an.«

Sie verstellte die Stimme und ahmte, kopfschüttelnd und mit Leidensmiene, den imaginären Stoßseufzer des Direktors nach: »Die arme Mutter! Ihr Sohn bringt sie noch ins Grab!«

Wir lachten uns tot.

»Du warst spitze, Zahra, danke noch mal. Ach warte!« Ich holte mein Mäppchen aus der Schultasche. »Was hatten wir ausgemacht? Zweitausend?«

»Ja, zweitausend. Und gerne wieder!«

Ich drückte ihr zwei Scheine in die Hand: »Gerne wieder. Bis die Tage!«

»Bis die Tage!«

Ich drehte mich noch mal um: »Zweitausend – und ich hatte versprochen, dir die schweren Sachen hochzutragen, stimmt's?«

»Stimmt! Ich klingle einfach.«

Wenn ich meinen deutschen Freunden diese Story zum ersten Mal erzähle, zeigen sie mir einen Vogel und meinen: »Digger, du redest totalen Quatsch. Die Lehrer müssen doch deine Eltern kennen.«

Ich zucke dann nur mit den Schultern und frage: »Wer kommt aus Syrien? Ihr oder ich?«

Dann sagen sie: »Krass, Alter! Erzähl noch mal!«

## Homosexualität

*Abdul.* Da ist diese unangenehme Fahrstuhlbegegnung – das seltsame Gefühl, wenn du im Lift stehst, und es ist nur noch eine weitere Person drin? Außerhalb des fahrenden Stuhls, der keiner ist, würde man ja ein nettes, unverfängliches Gespräch anfangen, aber tatsächlich ist es am besten, man tut so, als wäre man allein. Ohne Nasepopeln, Rülpsen und Am-Sack-Kratzen, versteht sich! Es scheint eine unausgesprochene Übereinkunft zu geben, dass Reden mit fremden Mitfahrsitzern verboten ist.

Warum eigentlich? Ist es eine weibliche Mitfahrerin, habe ich mittlerweile Angst, in den Verdacht einer schlechten Anmache zu kommen und sie unbewusst zu bedrängen. Ist der Mitfahrer männlich, dann fürchte ich mich vor der Frage »Stehst du auf mich oder warum schaust du so?« Die meisten Syrer, das muss man leider sagen, haben nämlich echt ein Problem mit Homosexualität. Viele Deutsche auch, ich weiß. Nur legt schon der leiseste Verdacht, man könnte schwul sein, so absurd er auch sein mag, bei den meisten meiner Landsleute den An-/Aus-Schalter des Gehirns um. Und ja, es ist mir peinlich, das zuzugeben, aber auch ich gehörte einmal zu dieser Mehrheit!

Wenn ich in einem Fahrstuhl stand und der Typ neben mir hatte »verdächtige« Klamotten, einen »verdächtigen« Haarschnitt oder bewegte sich »verdächtig tuntig«, dann konnte ich nur noch eines denken: *Fass mich bloß nicht an, sonst werde ich auch schwul.* Homosexualität ist offenbar eine ansteckende Krankheit. Wer davon befallen ist, schändet selbstverständlich auch Kinder und macht sonstiges perverses Zeug.

Wie bitte? Wer gebildet und weltoffen ist, denkt so was erst gar nicht? Pah! Das eine hat mit dem anderen nichts zu tun. Erst als ich in meine erste WG in Berlin zog, begannen meine Vorurteile zunächst langsam und dann immer schneller zu zerbröseln.

Zwar hatten mich die WG-Bewohner in einem Vorgespräch ein bisschen ausgefragt und auf die Situation vorbereitet – ob ich mit einem homosexuellen Mitbewohner ein Problem haben würde und so. Ich hatte »Natürlich nicht« geantwortet. Aber nur, weil ich unbedingt dort einziehen wollte, das ist die traurige Wahrheit!

Schon nach ein paar All-Tagen fragte ich mich, warum die ganzen Normalos um mich herum so normal mit ihm umgingen und warum ich nach wie vor Berührungsängste hatte. Ich hatte schließlich täglich mit diesem supernetten Typ, Peter, zu tun, er war (und ist) total witzig und konnte (und kann) super kochen, aber ich hatte es mir selbst gegenüber nicht zugeben wollen. Mein zerebraler Schalter ging plötzlich wieder auf »An«. Ich begann zu denken: Wenn meine Freunde in der WG Verständnis für meine Kultur hatten, dann sollte ich ihnen vielleicht den gleichen Gefallen tun.

Jahre später, ich lebte mittlerweile in Göttingen, kam Peter mich besuchen.

»Hey, Peter, darf ich dich was fragen?«

»Klar, Abdul, schieß los!«

»Schießen? Niemals!«

»Das sagt man nur so. Was willst du mich fragen?«

»Du bist doch homosexuell. Wir kriegen dauernd schlimme Kommentare unter unsere Videos und Facebookbeiträge, auf die ich einfach keine Erwiderung habe. Meinst du, dir fällt dazu was ein? Ich hätte gerne was Witziges, Gemeines, etwas, das die Steinzeitdenke einfach aushebelt.«

»Hm, ich weiß nicht, ob die das verstehen würden. Lass mal sehen, was da so geschrieben wird!«

- Ich beauftrage die Regierung, alle Homosexuelle in Krankenhäusern zu schicken.
- Mindestens müssen sie sich behandeln lassen.
- Ihre Heirat bringt uns nur Krankheiten und macht die Gesellschaft durcheinander.
- Welche Schuld haben die Kinder, die zu schwulen Eltern kommen?
- Wenn du jetzt dafür bist, dann kann es sein, dass du später dafür sein wirst, dass du mit deiner Mutter heiratest.

- Eklig, ich glaub, bald werden wir Sex mit Tieren auch machen.
- Stell dir mal vor, du kommst nach Hause und siehst deinen Sohn mit einem anderen Junge! Du würdest das nie erlauben.

»Weißt du was? Ich glaube, die einzige Antwort darauf, ist: Euch geht's gut, uns geht's gut, wo ist das Problem?«

Ich dachte kurz darüber nach. Er hatte natürlich recht. »Danke, Peter! Äh, Stichwort ›gut gehen‹: Wolltest du nicht heute für mich kochen?«

## Die Bombe

*Abdul.* »Hey Abdul! Und? Haste 'ne Bombe dabei?«, das war der Running Gag meiner deutschen Freunde. Über Monate ging das so. Ich war ziemlich frisch nach Göttingen umgezogen und hatte begonnen, Zahnmedizin zu studieren. Mein Deutsch war nicht schlecht, aber der Pschyrembel ist auch in der deutschen Originalausgabe eher … nicht so Deutsch. Also blieb mir nichts anderes übrig, als mir Woche für Woche stapelweise Fachliteratur in der Bib zu leihen und diese zehn Kilo Papier in meinem großen Rucksack nach Hause zu schleppen. Kaum hatte ich die Bücher eingepackt, kam von irgendjemandem mit Sicherheit der Spruch mit der Bombe.

Ha. Ha … Ha.

Wisst ihr was? Ich lachte einfach mit! Ich legte sogar noch einen drauf!

Vielleicht seid ihr im Freundeskreis oder im Kurs auch per WhatsApp-Gruppe organisiert. Ich zum Beispiel bin in bestimmt zwölf Gruppen: deutsche Freunde, syrische Freunde, Unigruppen, GLS-Interna, eine Tatort-Gruppe (so deutsch bin ich schon!) und meine Basketballmannschaft. Ach ja: Die WhatsApp-Fitnessgruppe ist sehr praktisch, man muss in der Muckibude nicht zwingend körperlich anwesend sein! Für diejenigen unter euch, die nicht wissen, wie das in den WhatsApp-Gruppen läuft: Ständig passiert es natürlich, dass einer durcheinanderkommt. Dann landen Nachrichten, die eigentlich für ganz andere Adressaten bestimmt waren, aus Versehen in der falschen Gruppe. Es folgen zwanzig Benachrichtigungen mit dem Inhalt »Hä?«

Genau diesen Umstand machte ich mir zunutze, um meine finale integrative Humorattacke zu starten. Ich schrieb in meiner deutschen Unigruppe: »Yes Master, I will blow the clinic«. Und nach einer kurzen Pause: »Oh sorry, das ist für eine andere Gruppe«.

Treffer, dachte ich. Der Running Gag schlechthin.

(Mal unter uns: Ich meine, wenn die Nachricht so richtig authentisch hätte sein sollen, hätte ich sie natürlich auf Arabisch verfasst. Aber das versteht ja keiner. Englisch war ein guter Kompromiss, damit konnte den Witz auch keiner mehr missverstehen. Oder?)

Am Nachmittag packte ich wie üblich meinen Bücherstapel in den Rucksack und fuhr nach Hause. Ich freute mich schon auf eine schöne Tasse Tee, als mir auffiel, dass mein Schlüssel nicht ins Schloss passte. War ich im falschen

Stockwerk? Ich betrachtete die Wohnungstür. Da stand mein Name, aber neben dem Schild klebte ein Zettel. Glaubt mir, ich habe schon viel Absurdes gesehen und erlebt, aber dieser Zettel gehört zu den Top 5: »Hallo Herr Abbasi, bitte rufen Sie die Polizei an *(Telefonnr.).*«

»Bitte«? Der Verdächtige selbst möge »bitte« und auch höchstpersönlich die Polizei anrufen? Mir kam sofort *die* Idee, um die Effizienz der Terrorbekämpfung noch zu steigern: Die Polizei sollte einen Youtube-Kanal (z. B. »PoliTube« oder »Dein BKA«) starten, auf dem in akuten Fällen der Terrorverdächtige live in einem »real talk« befragt wird, u. a. nach seinem Aufenthaltsort. Das ist für die Zuschauer interessant, und vielleicht führt es bei extremen IQ-Tieffliegern auch zu deren Verhaftung, wer weiß?

In Syrien definiert man Effizienz so: Die Polizei hätte auf dich gewartet und dich im Flur so richtig schön verprügelt, damit's die Nachbarn auch wirklich mitbekommen. Dann ab ins Gefängnis, ohne Befragung, ohne Staatsanwaltschaft, ohne Beweise, nichts. Ohne Angabe von Gründen zerren sie dich vom Fahrrad und schlagen dich zusammen. Das sind Typen, die seit ihrer Geburt keinen Funken Humor haben. Von Polizisten hältst du dich fern in Syrien.

In Deutschland jedoch kann ich die Nummer wählen und mich darauf freuen, was passiert. Der sehr freundliche Herr am Telefon bat (!) mich, auf seine Kollegen zu warten. »Gerne«, sagte ich und stellte mich unten auf die Straße vors Haus. Nach vielleicht zwei oder drei Minuten geschah es: Von beiden Seiten der Straße kamen vier Streifenwagen gerast, bremsten mit quietschenden Reifen, und heraus sprangen jeweils zwei Beamte mit entsicherter Waffe. Bin ich Bruce Willis? Was geht ab? Sie gingen auf den Hauseingang zu und beachteten mich gar nicht. Ich sagte: »Guten Tag, ich sollte Sie anrufen« oder so etwas, »Herr Abassi?«, »Ja, der bin ich.« Es ging schnell, ohne Vorwarnung wurden meine Hände auf den Rücken gedreht, der Rucksack heruntergerissen, und dann saß ich in einem Streifenwagen, der sich im schnellstmöglichen Tempo durchs beschauliche Göttingen bewegte. Total klasse fand ich, dass mir einer beim Einsteigen den Kopf runtergedrückt hat, so wie ich es aus unzähligen Cop-Filmen kenne. Hasta la vista, baby!

Irgendwie muss sich dann doch die Panik in meine Nervenbahnen geschlichen haben, denn auf der Wache wurde ich eigentlich dauernd nur gefragt, ob es mir gut ginge und ob ich einen Arzt bräuchte. So viel Fürsorge versetzte mir einen neuerlichen Schock. Leute! In so einem Moment weiß man, dass irgendwo ein Haken sein muss. Dir gehen Sachen durch den Kopf wie »Ausweisung« oder »Knast«, das ist wirklich ganz und gar unlustig. Außerdem brummte mir der Schädel, weil offensichtlich keiner eine Ahnung hatte, wie man mit einem potenziellen Bombenleger umgeht. Und noch ein anderes Szenario drängte sich nahezu auf: Eigentlich spricht doch alles dafür, dass hier Theater gespielt wird. Nie und nimmer können das echte Polizisten sein, ein echtes Polizeirevier oder echte Streifenwagen. Dauernd kamen neue Beamte, die mich immer nur fragten, ob's mir gut ging. Das konnte nicht echt sein! Ich war drauf und dran, jeden zu umarmen.

Na ja, wenigstens Verkehrsdelikte laufen wie geschmiert

in Deutschland, Allaa hatten sie mal angehalten, weil er auf dem Fußweg fuhr oder kein Licht anhatte oder so. *Das* ist hier der Polizeialltag. Und nun ich, ein syrischer John McClane, menschliches Dynamit, das vielleicht jeden Moment detoniert. »Möchten Sie etwas trinken?«, fragte mich ein Polizist.

Ich sagte: »Sind Sie auch BVB-Fan?«

Er sagte: »Ne, Bayern.«

Ich sagte: »Wirklich, Bayern?«

Und er sagte: »Jedes Jahr Champions League.«

Und ich sagte: »Mein Kumpel ist HSV-Fan«, und er lachte und haute mir auf die Schulter. So ist das hier auf der Polizeiwache. »Ihr Laptop und Ihr Handy behalten wir vorübergehend hier, bitte unterschreiben Sie hier. Sie bekommen die Sachen innerhalb von sieben oder acht Tagen zurück.«

Dann aber tauchte der Chef des Ladens auf, und es war Schluss mit lustig: »Sie sind verdächtig, im Besitz einer Bombe zu sein, darüber hinaus verdächtig, mit dieser einen Anschlag verüben zu wollen. Bitte folgen Sie mir!« Ich musste mich in einem leeren Raum an die Wand stellen und ausziehen. Dann wurde ich abgetastet. Kann es sein, dass mittlerweile so Miniaturbomben erfunden worden sind, die an Körperstellen versteckt werden können, die … keine Details, aber ich glaube ehrlich gesagt nicht, dass es solche Bomben gibt.

Vielleicht war das Ganze auch nur eine Übung? Das Ministerium hatte vielleicht angeordnet, dass in der Provinz ein bisschen mehr »real life« Einzug halten muss? Ein bisschen mehr Action und Bumm-bumm?

»Es fährt Sie ein Kollege nach Hause, wenn Sie möchten.«

Das setzte dem Ganzen noch die Krone auf. Als ich eine Woche später mein Laptop und mein Handy abholte, begrüßten mich nur strahlende Gesichter: »Du bist doch der mit der WhatsApp-Gruppe!«, »Hallo Abdul, alles klar?« und so weiter. »Vierzig deutsche Freunde haben uns Briefe geschrieben und sich für dich verbürgt.« Ich war baff und auch ein bisschen gerührt. Am Ende wünschte mir die Polizei noch alles Gute. Trotzdem musste ich noch zwanzig Sozialstunden ableisten. Krass, oder?[19]

Seit dieser Story verschwinde ich nicht mehr in die nächste Seitenstraße, wenn ein Polizist in der Nähe ist. Wenn ich mit dem Rad unterwegs bin, halte ich extra an und sage Hallo. Vielleicht reden wir auch über Fußball. Nur WhatsApp-Nachrichten über Bomben verkneife ich mir. Diesen Witz haben die Deutschen für sich reserviert.

19 Der Staat wollte wohl sehen, wie ich mich in der Gesellschaft verhalte.

# Vorurteile

## Die 10 größten Vorurteile gegenüber Syrern

1. Alle Syrer sind Terroristen.
2. In Syrien lebt man wie im Mittelalter.
3. Syrer sind frauenfeindlich.
4. Syrer sind kartoffelfeindlich.
5. Das durchschnittliche syrische Paar hat zwanzig Kinder.
6. Jeder syrische Mann hat vier Frauen.
7. Jede Familie hat ein Kamel.
8. Syrer können nicht ohne Shisha leben.
9. Es gibt kein Nutella in Syrien.
10. Die arabische Sprache und Kultur sind sehr aggressiv.

## Die 10 größten Vorurteile gegenüber Deutschen

1. Alle Deutschen sind Nazis.
2. Deutsche können nicht ohne Bier leben.
3. Deutsche essen nur Kartoffeln.
4. Deutsche sind super unwitzig.
5. Sie sind genauso kalt wie das Wetter und gefühllos.
6. Und sie sehen alle aus wie Oliver Kahn.
7. Deutsche lieben ihre Haustiere.
8. Ihre familiären Beziehungen sind am Arsch.
9. Sie respektieren nur religiöse Menschen.
10. Pünktlichkeit ist für Deutsche oberste Pflicht (ein Beispiel dafür ist die Ausländerbehörde).

# Nachwort zu Vorurteilen

Wir lieben Deutschland. Wisst ihr, was für eine Bereicherung es ist, so eine Vielfalt an Lebensweisen, Einstellungen und Überzeugungen kennenlernen zu dürfen? Durch die Vielfalt lernen wir alle voneinander, entwickeln Ideen und Gedanken, auf die wir allein nie gekommen wären. Und zur wahren Vielfalt gehören wohl auch Intoleranz und Vorurteile.

Durch die Beobachtung von gegenseitigen Vorurteilen ist »GLS – German Lifestyle« entstanden. In unseren Youtube-Videos nehmen wir Syrer wie Deutsche auf die Schippe, spielen mit ihren jeweiligen Eigenheiten und Ressentiments und bringen unsere Zuschauer damit zum Lachen. Wenn wir es schaffen, dass alle gemeinsam übereinander lachen, begegnen wir einander in unserer menschlichsten, fröhlichsten Emotion. Und das macht uns hoffentlich auch frei und gelöst, um auch über ernste Themen zu reden.

Wir wünschen unseren Lesern, dass egal, welche Meinung sie vertreten, sie stets liebevolle Menschen mit einer guten Portion Humor um sich haben. Wenn wir gemeinsam lachen, beginnt das Gute, und wir können aus dieser Welt eine bessere und coolere machen. Daran werden wir immer arbeiten.

Abdul und Allaa

# Danksagung

## Die Autoren danken

Unserer Agentin Christine Proske von Ariadne-Buch, für ihren unermüdlichen Einsatz, ihre inspirierenden Ideen. Danke, Christine, deine Begleitung und Unterstützung sind für uns von großer Bedeutung.

- Kathrin, Marc, ohne euch wäre dieses Buch nie zustande gekommen.
- Doreen, für deine Geduld, deinen Humor und dein scharfes Auge.
- Nina, unserer Managerin, GLS lebt von deiner Unterstützung.
- Carina, Janusz, die für uns große Türen geöffnet haben.
- Reinhard, für deine großartige Unterstützung.
- Syrien, unserer verletzten Heimat.
- Deutschland, unserer neuen Heimat, die uns eine neue Chance gegeben hat, das Leben aus einer anderen Perspektive zu sehen, die uns beigebracht hat, alle Menschen als gleichwertig zu betrachten.
- jedem/r Deutschen, der/die uns offen als neue Gesellschaftsmitglieder akzeptiert, der/die seine mittelalterlichen Ängste und Vorurteile abgebaut hat.

**Allaa dankt:**

- Lamis, Mohammed, meinen Eltern.
- Mustafa, Mazen, Abdulaziz, meinen Brüdern.
- meiner Familie, die immer – in meinen schwierigen Momenten und bei furchtbaren Erlebnissen, während meiner Reise und meiner ersten Zeit in Deutschland – für mich da waren und da sind.
- Tareq, meinem besten Freund, der die Folter im Knast nicht überlebt hat.
- Abdul, die Person, ohne die es GLS nicht geben würde.
- meinen Freunden, Verwandten und Landsleuten, die es die letzten Jahren sehr schwer hatten.
- Nura, Dima, Dina, Samir.

**Abdul dankt:**

- meiner Familie, die immer für mich da ist, besonders meinen tollen Eltern und meiner Schwester. Für euch würde ich alles tun.
- der Liebe meines Lebens, ohne dich, ohne deine Unterstützung wäre ich nicht der gleiche Abdul wie heute.
- Allaa, GLS wäre ohne deine Geduld ziemlich katastrophal.
- meinen engen Freunden in meiner ersten WG.
- allen meinen Freunden, die mich immer unterstützten, besonders in den schwierigen Zeiten.
- der Friedrich Ebert Stiftung für ihre großartige Unterstützung.
- Hasan El-Arab für seine superschöne Seele, für seine Menschlichkeit und Vernünftigkeit.
- Ellen und Janne, meine Helden.
- dem Migrationszentrum für die Stadt und den Landkreis

Göttingen, insbesondere Dana Gaef und Zeliha Karaboya für ihre Arbeit und Unterstützung.

Wir denken bei diesen Zeilen auch an jeden Flüchtling, der seine Arbeit, sein Leben, sein Zuhause verloren hat, der alleine ohne seine Familie in einem Flüchtlingsheim lebt, jeden Tag die Nachrichten hört, wo es fast nur um ihn geht.